全国技工院校公共课教材配套用书

化学（第六版）
教学参考书

贺红举　主编

中国劳动社会保障出版社

简介

本书是全国技工院校公共课教材《化学》（第六版）的配套用书，供教师教学参考。全书内容按教材顺序编写。每章均包括“概述”“教材分析与教学建议”“课后练习与习题册答案”三部分。其中，“概述”介绍全章的教学目标和要求、主要内容和课时分配；“教材分析与教学建议”分节编写，主要分析教学重点和难点，给出教学参考流程，并补充相关例题。

本书由贺红举主编，张伟松担任副主编，王艺锟参加编写。

图书在版编目(CIP)数据

化学（第六版）教学参考书/贺红举主编. -- 北京：中国劳动社会保障出版社，2023
ISBN 978-7-5167-5746-8

Ⅰ.①化…　Ⅱ.①贺…　Ⅲ.①化学课-技工学校-教学参考资料　Ⅳ.①G633.83

中国国家版本馆 CIP 数据核字(2023)第 011383 号

中国劳动社会保障出版社出版发行
（北京市惠新东街 1 号　邮政编码：100029）
*
北京市科星印刷有限责任公司印刷装订　　新华书店经销
787 毫米×1092 毫米　16 开本　6.25 印张　148 千字
2023 年 2 月第 1 版　　2023 年 2 月第 1 次印刷
定价：18.00 元

营销中心电话：400-606-6496
出版社网址：http://www.class.com.cn
http://jg.class.com.cn

目　录

绪言　化学——物质的世界

一、教学目标和要求

1. 培养学生用化学的眼光看待周围的世界。
2. 让学生了解人类改变世界的历史，就是化学发展的历史。
3. 培养学生用化学的方法去改变世界，探索自然，消除环境污染。

二、学时分配建议

绪言　化学——物质的世界　　1课时

三、教学方法提示

1. 先带领学生复习分子的概念，根据物质的分子组成进行物质的分类，即分为混合物与纯净物。重点复习单质与化合物，化合物中的酸、碱、盐及氧化物，最好能够由学生举例说明。混合物要讲清溶液与浊液、胶体的区别。

2. 分子由原子构成，原子是化学变化中的最小微粒。由原子结合方式的变化讲解物理变化与化学变化的区别。化学改变着社会，化学改变着生活，化学使生活变得美好，同时也给生活带来一些潜在的危险。学习化学就是要造福人类，识别、检验、消除其对人类健康与安全有威胁的因素。

3. 生产的发展、生活的提高、科技的进步对化学提出更高的要求，能源、信息和材料成为新科技革命的三大支柱，这些都依赖于化学的发展。化学的发展也对我们提出了更高的要求：合理利用资源和能源，降低生产成本，探索符合经济持续发展的原理和方法；应用高选择性的化学反应来生产目的产品，使用无毒无害的原料，不生成或很少生成副产品或废物，实现或接近废物的“零排放”。讲解中可以结合我国“碳中和”和“碳达峰”的目标加以说明。

四、习题册答案

1.

分类	物质	分类	物质
金属	铁、汞、镁粉	盐	纯碱、石灰石、食盐、硫酸铜
非金属	硫黄、白磷、木炭	氧化物	生石灰
酸	硫酸、醋酸、硝酸	有机物	酒精、醋酸
碱	烧碱、熟石灰		

2. 物理性质：(1)(5)(7)，物理变化：(4)(6)(11)，化学性质：(2)(8)(10)，化学变化：(3)(9)(12)

3. (1) A (CO_2)　B (Cu)　C (O_2)　D (H_2O)

(2) $Cu_2(OH)_2CO_3$

第一章　原子和分子

Ⅰ　概　　述

一、教学目标和要求

1. 了解原子的组成和同位素知识，掌握质子数、中子数、核外电子数、核电荷数和质量数之间的关系。

2. 会正确画出1～20号元素的原子结构示意图。

3. 了解元素周期表的结构，能够根据原子结构示意图指出主族元素在元素周期表中的位置。

4. 能够根据元素周期律，比较同周期、同主族元素性质的变化规律。

5. 掌握离子键、共价键的形成、性质，会用电子式表示有关物质的化学键的形成过程。

6. 能够根据化学键的性质和分子的空间结构判断分子的极性，能用分子间力解释一些常见的物理现象。

二、内容安排说明

本章知识结构：

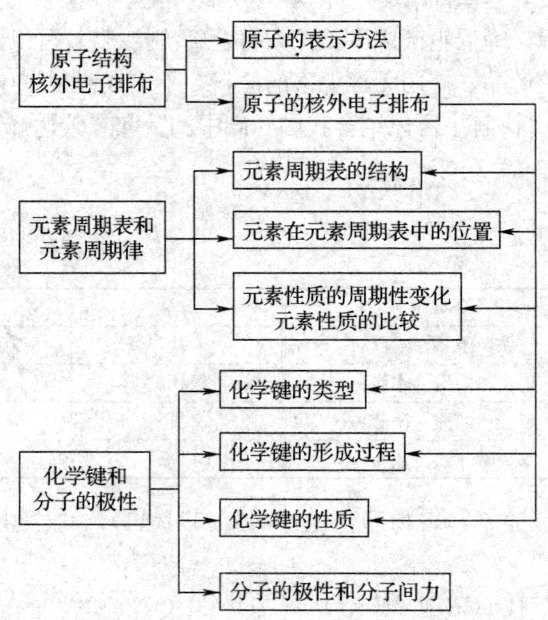

原子核外电子排布是化学的一项重要研究内容，同周期、同主族元素性质的递变规律主要取决于核外最外层电子数和原子半径的变化，而元素周期表、元素周期律、化学键的形成都和核外电子排布有关。

本章内容分为三个部分：第一部分的重点内容是原子的组成和核外电子排布；第二部分的重点内容是元素周期表的结构和元素周期律；第三部分的重点内容是化学键的形成、性质以及分子的极性、分子间力。学习本章，可以对元素的性质有整体的了解，为后续的学习打下基础。

本章教学重点：

1. 质子数、中子数、质量数、核外电子数之间的相互计算。
2. 1～20 号元素的原子结构示意图。
3. 元素周期表的组成及结构。
4. 元素性质的递变规律：元素的金属性与非金属性，对应酸碱的酸碱性、化合价等。
5. 离子键和共价键的形成条件、形成过程，以及共价键的分类和性质。
6. 分子的极性和化学键、分子构型的关系。

本章教学难点：

1. 离子的核外电子排布。
2. 元素最高价氧化物对应水合物酸碱性的比较。
3. 用电子式表示化学键的形成过程。
4. 分子极性的判断。

三、本章教学时数分配建议

1.1	原子结构　核外电子排布	2 课时
1.2	元素周期表和元素周期律	3 课时
*1.3	化学键和分子的极性	2 课时
*1.4	放射性污染及其防治	1 课时

Ⅱ　教材分析与教学建议

1.1　原子结构　核外电子排布

学习目标

1. 能够正确进行质子数、中子数、质量数、核外电子数之间的相互计算。
2. 学会画出 1～20 号元素的原子结构示意图。

教学重点与难点

重点：

1. 质子数、中子数、质量数、核外电子数之间的相互计算。
2. 1～20 号元素的原子结构示意图。

难点：

离子的核外电子排布。

教学方法提示

1. 理顺质子数、中子数、质量数、核外电子数之间的相互关系，再根据同一元素不同质量数的原子，求出中子数，引出同位素的概念。

2. 用稀有气体的核外电子排布引出电子分层排布的规律，依次写出1～2号、3～10号、11～18号、19～20号元素的核外电子排布。对于中间两个区段，可以先介绍一到两个元素的排布，其他的由学生自己排布，增加电子层时，可以先由学生排，根据出现的问题，再用排布规律进行讲解。

3. 在讲授离子的核外电子排布时，先明确离子的形成只是原子得到或失去电子，质子数不发生变化，相应原子的核外电子数等于离子的核外电子数减去（阴离子）或加上（阳离子）离子所带的电荷数。

教学流程参考

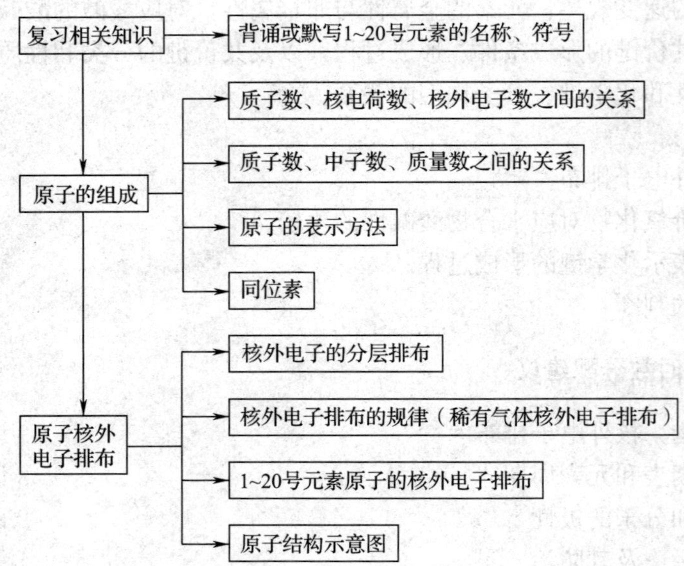

课程导入

由分子和原子的定义引入，说明在化学反应中元素的性质主要由原子最外层电子数决定，提出原子的组成和核外电子排布是本节的学习目标。

知识讲授

1. 为了承上启下，教师带领学生复习1～20号元素的名称、符号，常见元素的原子最外层电子数和元素的金属性与非金属性，以及常见化合物的化学式和分类。

2. 在讲授原子的组成时，先介绍原子的模型，再介绍原子核的组成，由原子核中核电荷数等于质子数，原子显电中性，得出质子数等于核外电子数。

3. 以质子、中子、电子的相对质量得出质量数的概念，导出质量数与质子数、中子数之间的关系。

4. 以质子数和质量数表示原子，通过同一元素不同质量数的原子，求出中子数，引出同位素的概念。

5. 讲授电子的分层排布时，可以借助宏观物体来说明，如螺旋桨飞机只能在几千米高度飞行，喷气式飞机可以在几万米高度飞行，卫星可以在太空飞行，是因为它们具有的能量不同，能量越高，离地面越远。原子核外的空间是有限的，越靠近核，空间越小，离核越远，空间越大，每一层容纳的电子数由内向外逐渐增加。

6. 核外电子排布遵循能量最低原理，可以根据稀有气体的核外电子排布得出排布的规律，在解释为什么最外层不能超过 8 个电子（19～20 号元素）时，可以简单地向学生说明从第三层开始内层的一部分电子的能量超过外层的一部分电子，也可以说成外层的一部分电子挤进内层电子空隙内，而使得能量最低。

7. 排布电子时，老师讲、学生练要结合起来，在学习 10～11 号、18～19 号元素排布时，学生先练，出现问题时，老师再启发学生根据规律找出问题，以加深学生印象。

8. 原子结构示意图的含义要讲解清楚。

例题补充

例 画出钠离子的结构示意图。

解：钠原子质子数为 11，原子核外有 11 个电子，最外层的一个电子容易失去，得到＋1 价钠离子，核外有 10 个电子，因此其结构示意图如图 1－1 所示：

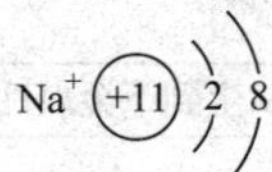

图 1－1 钠离子的结构示意图

1.2 元素周期表和元素周期律

学习目标

1. 了解元素周期表的组成和结构，理解周期和族与核外电子排布的关系。

2. 掌握元素性质的递变规律：元素的金属性与非金属性、对应酸碱的酸碱性、化合价等。

教学重点与难点

重点：

1. 周期与电子层的关系，主族数与最外层电子数的关系。

2. 主族元素的金属性与非金属性、对应酸碱的酸碱性、化合价等的变化规律。

难点：

主族元素的金属性与非金属性、对应酸碱的酸碱性的比较。

教学方法提示

1. 利用教材中表 1－4，找出核外电子排布的周期性规律。

2. 讲清周期与核外电子的电子层数有关，强调“周期数＝电子层数”，每增加一个电子层，即增加一个周期，得出前三周期的元素的种类，后四个周期的元素的种类依据同样的道理得出。

3. 讲清主族元素的排列与最外层电子数有关，强调“主族族序数等于最外层电子数”，副族元素的排列与次外层（或倒数第三层）有关，因副族元素情况复杂，只作简单介绍。

4. 由复习原子核外电子排布规律入手，导出元素原子得失电子能力规律，再结合教材中表 1－5 介绍元素的金属性和非金属性、气态氢化物的稳定性、最高价氧化物对应水合物的酸碱性，以及最高正化合价和负化合价的周期性变化。

教学流程参考

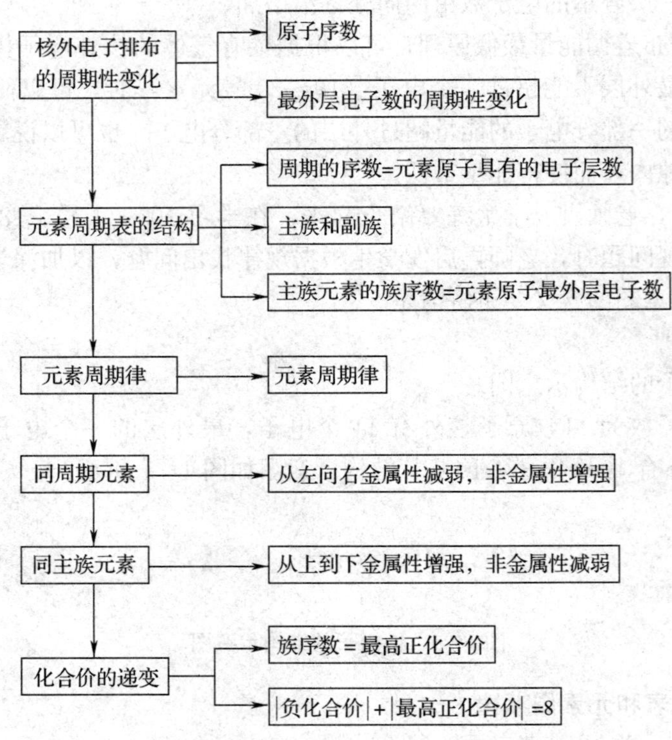

课程导入

各元素核电荷数不同，按核电荷数从小到大的顺序编号得到原子序数。元素原子核外电子排布的周期性变化，使得元素原子最外层电子数出现 1～8 的周期性变化，也就是出现从金属到非金属再到稀有气体的周期性变化。

知识讲授

1. 元素周期表的列表方式是将已有的所有元素按原子序数从小到大排列，将电子层数相同的作为一组（横排），共 7 组，即 7 个周期。将最外层电子数相同的从上到下排列（纵列），共 18 个纵列，其中最外层 1～2 个电子，次外层 9～18 个电子的 10 个纵列组成 8 个副族，其余最外层 1～8 个电子的纵列组成 7 个主族和 1 个零族。

2. 介绍元素周期表时主要讲清以下几种关系：

(1) 周期的序数＝原子核外电子层数；

(2) 主族元素由短周期和长周期元素共同组成，副族元素只由长周期元素组成；

(3) 主族元素的族序数＝元素原子最外层电子数。

3. 元素周期律的介绍分为同周期元素介绍和同主族元素介绍，主要比较以下几方面的性质变化：

(1) 单质的金属性和非金属性：

金属钠、镁、铝和水反应的条件和剧烈程度（可以做演示实验）；

金属钠、钾和水反应的剧烈程度；

磷、硫、氯气和氢气的反应情况；

氯、溴、碘单质的相互置换情况。

（2）最高价氧化物对应水合物的酸碱性：

NaOH 强碱、$Mg(OH)_2$中强碱、$Al(OH)_3$两性；

$Ca(OH)_2$强碱、$Mg(OH)_2$中强碱；

H_2SiO_3弱酸、H_3PO_4中强酸、H_2SO_4强酸、$HClO_4$强酸；

HNO_3强酸、H_3PO_4中强酸、H_3AsO_4弱酸。

（3）气态氢化物的稳定性：

SiH_4易分解、易自燃，PH_3受热分解、易自燃，H_2S高温下分解、可点燃，HCl 难分解、不可燃。

HCl 可用氢气在氯气中燃烧得到，性质稳定；HBr 可用溴和氢气加热得到，性质比较稳定；HI 用碘和氢气高温下反应得到，性质不稳定，生成的同时发生分解。

4. 介绍主族元素的化合价：价电子数＝最外层电子数＝族序数＝最高正化合价；对于ⅣA～ⅦA 的非金属元素：｜负化合价｜＋｜最高正化合价｜＝8

例题补充

例 1 某元素最高价氧化物的化学式为 RO_3，气态氢化物中氢元素的质量分数为 5.88%，该元素是什么元素？

解：该元素的最高正化合价为＋6，对应的负化合价为－2，气态氢化物的化学式为 H_2R，设该元素的相对原子质量为 R，则：

$$\frac{2}{2+R}=5.88\%，解之得 R\approx 32，$$

则该元素为硫元素。

例 2 根据 15 号、22 号、53 号元素的原子结构示意图（图 1－2），判断它们所在的周期和族。

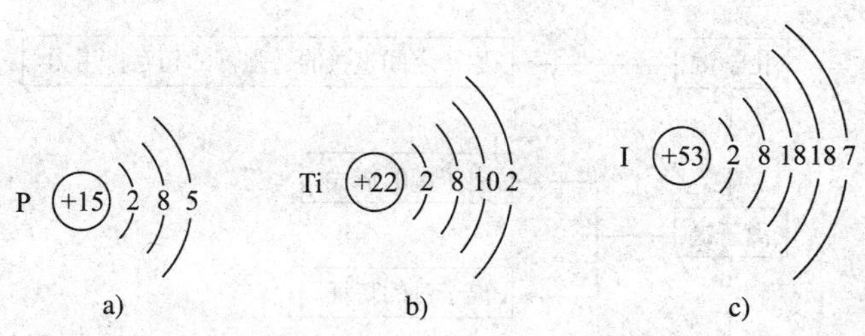

图 1－2　3 种元素的原子结构示意图

解：磷元素原子核外有 3 个电子层，所以它在第三周期，最后的电子排布在最外层上，所以它是主族元素，最外层电子数为 5，所以它是第ⅤA 族元素。

钛元素原子核外有 4 个电子层，所以它在第四周期，参照钙元素，它的最后的电子排布在次外层上，所以它是副族元素。副族序数的确定方法：外面两层电子数总和减去 8，差值为 3～7 的是第ⅢB～ⅦB 族，差值为 8、9、10 的是ⅧB 族，差值为 11～12 的是第ⅠB～ⅡB 族。所以钛元素是第ⅣB 族。

碘元素原子核外有 5 个电子层，所以它在第五周期，最后的电子排布在最外层上，所以它是主族元素，最外层电子数为 7，所以它是第ⅦA 族元素。

*1.3 化学键和分子的极性

学习目标

1. 理解离子键和共价键的形成条件、形成过程，以及共价键的分类和性质。

2. 理解分子的极性和化学键、分子构型的关系。

教学重点与难点

重点：

1. 元素的原子之间形成化学键的种类，用电子式表示其形成过程。

2. 根据化学键的种类和分子的空间构型，判断分子的极性。

难点：

1. 用电子式正确表示化学键的形成过程。

2. 正确判断分子的极性。

教学方法提示

1. 直观地介绍离子键主要存在于活泼金属的阳离子和活泼非金属的阴离子之间。常见的阳离子包括 Na^+、K^+、Ca^{2+}、Mg^{2+}、Ba^{2+}，还有 NH_4^+；常见的阴离子包括O^{2-}、F^-、S^{2-}、Cl^-、Br^-，还包括含氧酸根离子，如 SO_4^{2-}、NO_3^-、ClO_4^-，以及 OH^-等。

2. 主要介绍 H_2、Cl_2、N_2等双原子分子单质的共价键，不要介绍 O_2；介绍不同原子之间的共价键时，主要介绍 HCl、HBr、H_2S、H_2O、CO_2、NH_3、CH_4等物质。

3. 多原子分子中，直线型共价键分子（键角 180°）有 CO_2、$BeCl_2$、C_2H_2，平面型共价分子（键角 120°）有 BF_3、BCl_3、C_2H_4，正四面体型分子（键角 109.5°）有 CH_4、CCl_4。

4. 分子间作用力种类较多。结构相似、极性相似的物质相互混合时，作用力的类型变化不大，阻力小，因此能够相互溶解。

教学流程参考

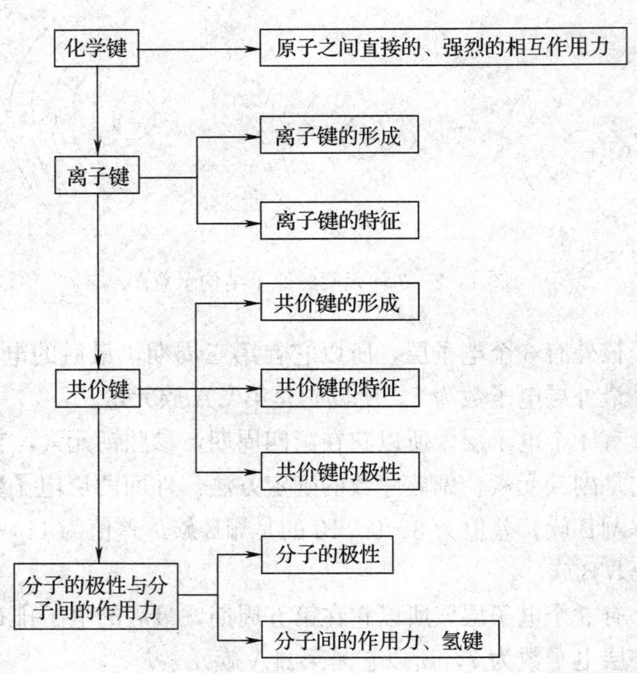

课程导入

分子或晶体中的粒子（原子或离子）以一定的方式结合，其中直接相邻的粒子之间强烈的相互作用称为化学键，化学键对于物质的性质有较大的影响。

知识讲授

1. 化学键存在于分子或晶体的原子或离子之间，是一种直接相邻的粒子之间的强烈的相互作用，属于近距作用力。非相邻的原子或离子之间也存在作用力，但由于距离远、作用力小，因此不属于化学键。

2. 离子键存在于离子化合物中，由活泼金属形成的氧化物、碱、盐（含铵盐）等一般属于离子化合物。

离子键的产生是由于阴、阳离子的静电作用力，是阴、阳离子之间的静电引力和原子核、核外电子之间的静电斥力平衡的结果。

用电子式表示离子键的形成过程时，由于金属原子最外层电子数少，一般用“×”“○”或“△”等表示，非金属原子最外层电子数较多，一般用“·”或“×”表示。

离子键没有方向性和饱和性，但由于静电作用和空间因素的影响，阴离子周围的阳离子数目或阳离子周围的阴离子数目是一定的，并且按照一定的方向向外延伸。在离子晶体中没有单个的分子，只有在其以气态存在时，才有分子存在，化学式只表示最简式。

3. 共价键的形成是由于成键原子双方中的一方不能够完全失去电子，另一方不能够完全得到电子，为了使双方原子最外层电子数都达到 8 电子（氢为 2 电子）的稳定结构，双方的两个或多个原子各提供一定数目电子形成一对或多对共用电子对。

某原子能够和其他原子形成共用电子对的数目，取决于其最外层电子数：如最外层是 7 个电子，差 1 个电子达到 8 电子稳定结构，就提供 1 个电子与其他原子形成一对共用电子，如最外层是 6 个电子，就提供 2 个电子与其他原子形成两对共用电子，最外层 5 个电子，就提供 3 个电子形成三对共用电子，最外层 4 个电子，就提供 4 个电子形成四对共用电子，依次类推。

共价键的饱和性是由于各原子最外层最多只能够有 8 个电子。因此，H 和 F、O、N、C 形成的化合物的分子式只能是 HF、H_2O、NH_3、CH_4。

共价键的方向性体现在两方面。一方面是键能的大小。如 C—C 单键的键能为 332 kJ/mol，成键时电子云以“头碰头”形式重叠，重叠密度最大；C═C 双键的键能为 611 kJ/mol，成键时一对电子沿 x 轴方向以“头碰头”形式重叠，另一对电子沿 y 轴方向在 x 轴上下以“肩并肩”形式重叠，重叠密度较小，双键的键能大于单键键能。另一方面是键角的大小。多原子分子中，各共价键之间存在一定的夹角（即键角），因此分子具有一定的空间结构。键角与成键原子的种类有关，如 CO_2 分子中两个 C═O 的键角为 180°，C 原子与左右两个 O 原子各用一个电子沿 x 轴方向以“头碰头”形式形成一个共用电子对，再与左右两个 O 原子各用一个电子分别沿 y 轴和 z 轴方向以“肩并肩”的形式形成另一个共用电子对，因此三个原子在一条直线上。而 CH_4 分子中，四个 C—H 键的键角为 109.5°，四个 H 原子位于正四面体的四个顶角的位置，与处于正四面体中心位置的 C 原子形成四个共用电子对。在 NH_3 分子中，N 原子的一对“孤对电子”占据四面体的一个顶角，对三个 N—H 键形成挤压，所以 N—H 键的键角为 107.5°。而在 H_2O 分子中，O 原子的两对“孤对电子”占据四面体的两个顶角，对两个 O—H 键形成挤压，所以 O—H 键的键角为 104.5°。

形成共价键时，如果成键的两个原子对于电子的吸引能力相同，共用电子对位于两者之间，两个原子都不显电性，化合价为零，共价键没有极性；如果两个原子对于电子的吸引能力不相同，共用电子对偏向吸电子能力强的原子，而偏离吸电子能力弱的原子，使前者显负电性，后者显正电性，化合价不为零，共价键有极性。用电子式表示化合物时，非极性键的电子对处于两者中间位置，极性键的电子对偏向吸引电子能力强的原子。

4. 讲解分子的极性时，应讲清楚：

（1）非极性键形成非极性分子；

（2）极性键形成的双原子分子为极性分子；

（3）极性键形成的多原子分子如果空间构型对称，为非极性分子，如果不对称，为极性分子。

5. 讲解分子间的力时，要讲清楚它们的能量远小于化学键的键能，主要影响物质的物理性质。比较性质时，物质的结构一定要相似，一般为同主族元素的性质比较。

Ⅲ　课后练习与习题册答案

课后练习答案

1.1　原子结构　核外电子排布

1.

原子	质子数	中子数	电子数
$^{14}_{7}N$	7	7	7
$^{37}_{17}Cl$	17	20	17
$^{52}_{24}Cr$	24	28	24
$^{24}_{12}Mg$	12	12	12

2.（1）该元素的核电荷数为17，原子结构示意图（图1－3）为：

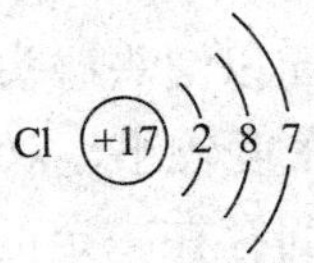

Cl (+17) 2 8 7

图1－3　氯原子结构示意图

（2）

原子	质子数	中子数	电子数
$^{35}_{17}Cl$	17	18	17
$^{37}_{17}Cl$	17	20	17

3.（1）氢（2）铍（3）镁（4）硫

1.2 元素周期表和元素周期律

1.（1）7　7　18　7　7　1　1

（2）减小　减弱　增强　减弱　增强

（3）增大　增强　减弱　增强　减弱

（4）族　最外层　最高正价－8

2.（1）K 的金属性强（在下）　（2）Al 的金属性强（在下）

（3）Cl 的非金属性强（在右）　（4）O 的非金属性强（在上）

（5）Cl 的非金属性强（在右）

3.

原子序数	7	14	16	19
元素名称和符号	氮 N	硅 Si	硫 S	钾 K
原子结构示意图	(+7) 2 5	(+14) 2 8 4	(+16) 2 8 6	(+19) 2 8 8 1
所在周期	二	三	三	四
所在族	ⅤA	ⅣA	ⅥA	ⅠA
最高正化合价	+5	+4	+6	+1

1.3 化学键和分子的极性

1.（1）$:\ddot{\underset{..}{Cl}}\cdot + {}_\times Ca_\times + \cdot\ddot{\underset{..}{Cl}}: \longrightarrow [:\ddot{\underset{..}{Cl}}\overset{\cdot}{_\times}]^- Ca^{2+} [\overset{\times}{\cdot}\ddot{\underset{..}{Cl}}:]^-$

（2）$:\ddot{\underset{..}{O}} + {}^\times_\times Mg \longrightarrow [:\ddot{\underset{..}{O}}{}^\times_\times]^{2-} Mg^{2+}$

（3）$Na_\times + \cdot\ddot{\underset{..}{S}}\cdot + {}_\times Na \longrightarrow Na^+[{}^\cdot_\times\ddot{\underset{..}{S}}{}^\cdot_\times]^{2-} Na^+$

（4）$H_\times + \cdot\ddot{\underset{..}{S}}\cdot + {}_\times H \longrightarrow H\ {}^\cdot_\times\ddot{\underset{..}{S}}{}^\cdot_\times\ H$

（5）$H_\times + \cdot\ddot{\underset{\cdot}{N}}\cdot + {}_\times H \longrightarrow H\ {}^\cdot_\times\ddot{\underset{\times\cdot}{N}}{}^\cdot_\times\ H$
　　　　+　　　　　　　　　　H
　　　　$\times$H

2.（1）离子键（2）共价键（3）离子键（4）共价键（5）离子键、共价键

3.（1）极性分子（2）极性分子（3）非极性分子（4）极性分子（5）非极性分子（6）非极性分子

4. 本题可作为选做题。分子间力分为取向力（只存在于极性分子之间）、诱导力（存在于极性分子之间、极性分子与非极性分子之间）和色散力（存在于所有分子之间）。

（1）Cl_2分子为非极性分子，只存在色散力。

（2）H_2S分子为极性分子，存在取向力、诱导力和色散力。

（3）HCl 和 H_2O 分子都为极性分子，存在取向力、诱导力和色散力。

（4）NH_3 和 H_2O 分子都为强极性分子，且符合氢键形成条件，存在取向力、诱导力、色散力和氢键。

（5）HCl 和 Cl_2分子分别为极性和非极性分子，存在诱导力和色散力。

（6）O_2和 N_2分子都为非极性分子，存在色散力。

5.（1）F_2、Cl_2、Br_2、I_2是同主族元素的单质，结构相似，相对分子质量逐渐增大，分子间力逐渐增大，沸点、熔点逐渐升高，因此物质状态从气态到液态到固态变化。

（2）HF、HCl、HBr 为同主族元素的氢化物，结构相似，相对分子质量逐渐增大，分子间力逐渐增大，但由于 HF 分子之间还存在氢键，使其分子之间的作用力比其他两种物质都大，因此 HBr 沸点比 HCl 高，但比 HF 低。

（3）I_2和 CCl_4都为非极性分子，而 H_2O 为极性分子，因此 I_2难溶于 H_2O，易溶于 CCl_4。

习题册答案

一、填空题

1.（1）分子（2）原子（3）分子、原子、阴离子、阳离子（4）质子、中子（5）质子、原子核、阳离子（6）电子、阴离子（7）分子、原子、中子

2. 92　92　146

3.（1）$^{6}_{3}Li$　$^{7}_{3}Li$（2）$^{14}_{6}C$　$^{14}_{7}N$（3）$^{23}_{11}Na$　$^{24}_{12}Mg$

4.

元素	甲	乙	丙	丁
原子序数	6	8	11	13
元素符号	C	O	Na	Al
核外电子排布	(+6) 2 4	(+8) 2 6	(+11) 2 8 1	(+13) 2 8 3
周期	二	二	三	三
族	ⅣA	ⅥA	ⅠA	ⅢA
最高正化合价	+4	+6	+1	+3
最高正价氧化物对应水化合物的分子式	H_2CO_3	—	NaOH	$Al(OH)_3$

5. 减弱　增强　增强　减弱　左下　右上

6. 32　S

7. Mg　N　Cl

8. O　P　S　Cl

（提示：设 C 的原子序数为 X，则 $(X-1)+X+(X+1)+(X-8)=56$，得 $X=16$）

9.（1）NaOH、$MgBr_2$、Na_2O_2、NH_4Cl；H_2O、CO_2、H_2、H_2O_2、N_2、SO_2

（2）H_2、N_2、CO_2；NaOH、Na_2O_2；NH_4Cl

二、选择题

1. D 2. B 3. B 4. C 5. B 6. D 7. B 8. C 9. A 10. D 11. D 12. C 13. A 14. A 15. B

三、判断题

1. × 2. √ 3. × 4. × 5. × 6. √ 7. √ 8. × 9. × 10. √ 11. × 12. √

四、问答题

1. 稀有气体原子最外层已经达到 8 电子（He 为 2 电子）稳定结构，因此不能形成双原子分子。

2.（1）K 的金属性强（K 在下）（2）Al 的金属性强（Al 在下）

（3）Cl 的非金属性强（Cl 在右）（4）O 的非金属性强（O 在上）

3.（1）HNO_3的酸性强（N 在上）（2）$Ca(OH)_2$的碱性强（Ca 在下）

（3）$Mg(OH)_2$的碱性强（Mg 在左）

4.（1）$:\underset{\cdot\cdot}{\overset{\cdot\cdot}{Cl}}\cdot + {}_{\times}Mg_{\times} + \cdot\underset{\cdot\cdot}{\overset{\cdot\cdot}{Cl}}: \longrightarrow [:\underset{\cdot\cdot}{\overset{\cdot\cdot}{Cl}}{}^{\cdot}_{\times}]^{-}Mg^{2+}[{}^{\times}_{\cdot}\underset{\cdot\cdot}{\overset{\cdot\cdot}{Cl}}:]^{-}$

（2）$:\underset{\cdot\cdot}{\overset{\cdot\cdot}{Br}}\cdot + \cdot\underset{\cdot\cdot}{\overset{\cdot\cdot}{Br}}: \longrightarrow :\underset{\cdot\cdot}{\overset{\cdot\cdot}{Br}}:\underset{\cdot\cdot}{\overset{\cdot\cdot}{Br}}:$

（3）$H_{\times} + \cdot\underset{\cdot\cdot}{\overset{\cdot\cdot}{S}}\cdot + {}_{\times}H \longrightarrow H\,{}_{\times}^{\cdot}\underset{\cdot\cdot}{\overset{\cdot\cdot}{S}}{}_{\times}^{\cdot}\,H$

5. 以极性键结合的是：NH_3、CH_4、SO_2；以非极性键结合的是：F_2、O_2；极性分子是：NH_3、SO_2；非极性分子是：F_2、O_2、CH_4。

第二章　化学基本量及其计算

Ⅰ　概　　述

一、教学目标和要求

1. 理解物质的量的定义、单位及其与基本单元数的关系；根据摩尔质量进行物质的质量与物质的量之间的换算；理解气体摩尔体积的概念及其与物质的量的关系。

2. 理解物质的量浓度的概念和计算公式；利用物质的量作为桥梁，计算物质的量浓度与质量、气体摩尔体积之间的关系；能够进行浓度之间的换算。

3. 能够运用化学方程式表示的计量关系进行质量、物质的量、气体体积和物质的量浓度的计算。

二、内容安排说明

本章知识结构：

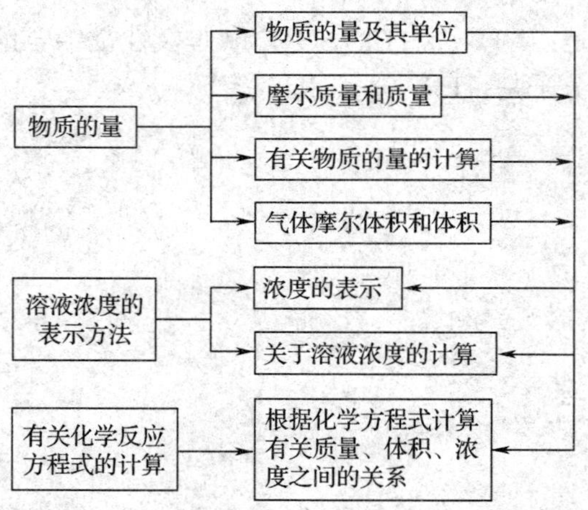

化学的研究对象是原子、分子等微观粒子，而在实际研究工作和生产中，常用的是质量、体积和浓度等宏观物理量，物质的量将宏观物理量和微观粒子联系起来，并运用到摩尔质量、气体摩尔体积和物质的量浓度等几个概念中。

本章内容分为三部分：第一部分的重点内容是物质的量及其单位——摩尔的概念以及用摩尔质量进行质量和物质的量的计算；第二部分的重点内容是溶液浓度以及有关计算；第三部分的重点内容是根据化学反应方程式进行质量、气体体积、浓度、物质的量的有关计算。学习本章可以为物质的定量计量和有关计算打下基础。

本章教学重点：

1. 物质的量的定义、摩尔的含义、摩尔质量的含义及有关计算。

2. 物质的量浓度的定义及有关计算。

3. 根据化学反应方程式进行有关计算。

本章教学难点：

1. 表示物质的量时要指明基本单元。

2. 气体摩尔体积概念的理解。

3. 物质的量浓度与质量、气体体积、质量分数的换算。

4. 根据化学反应方程式进行计算时正确使用比例关系，有关转化率、产率以及不纯的原料、产品的计算。

三、本章教学时数分配建议

2.1	物质的量	2 课时
2.2	溶液浓度及其计算	2 课时
*2.3	有关化学反应方程式的计算	2 课时

Ⅱ　教材分析与教学建议

2.1　物质的量

学习目标

1. 能够正确理解物质的量的含义，理解摩尔是物质的量的单位。

2. 理解摩尔质量的含义，能够利用摩尔质量进行质量与物质的量、基本单元数之间的有关计算。

3. 了解气体摩尔体积的概念，会进行体积与物质的量、质量、基本单元数之间的有关计算。

教学重点与难点

重点：

1. 有关定义的理解。

2. 物质的量与质量、体积、基本单元数之间的换算。

难点：

1. 用物质的量计量时，正确表示出基本单元。

2. 气体摩尔体积与温度、压强的变化关系，以及标准状况的规定。

教学方法提示

1. 利用长度（单位：米）、时间（单位：秒）、质量（单位：千克）等常见的物理量和它们的单位的关系，来理解物质的量的单位（摩尔）。

2. 阿伏加德罗常数 6.02×10^{23} 是一个近似值，可以用 N_A 来表示。

3. 摩尔质量在数值上与物质的相对基本单元质量相等，单位为 g/mol。

4. 关于气体摩尔体积要讲清四个要点：标准状况下（温度 273.15 K，压强 101.25 kPa）、1 mol、气体、约为 22.4 L。

教学流程参考

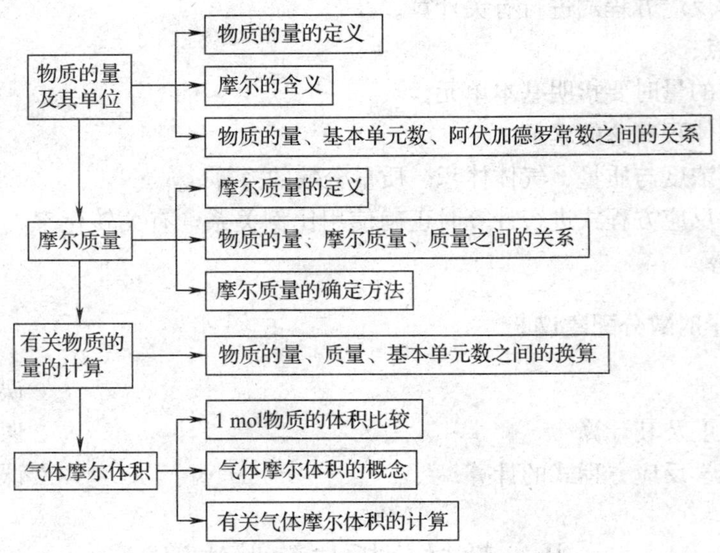

课程导入

从化学反应方程式中各反应物和生成物的分子个数之比、质量之比的关系入手，引出一定质量的物质的分子数如何确定，以及相同分子数的不同物质的质量如何确定。

知识讲授

1. 物质的量是表示微粒的多少的物理量，微粒很小，但实际问题中数量极大，因此不能单个计量，而是以一定数目微粒的集体作为计量单元，这个集体的单位称为摩尔。

2. 1 mol 基本单元的数量与 0.012 kg ^{12}C 所含原子个数相等，这个数值就是阿伏加德罗常数 N_A，即 6.02×10^{23}。

3. 以摩尔表示微粒的多少一定要指明基本单元的种类。

4. 摩尔质量是 1 mol 物质的质量，质量的单位为 g，因此，摩尔质量的单位为 g/mol。以硫酸为例，要讲清楚：1 mol 硫酸的质量为 98 g，硫酸的摩尔质量为 98 g/mol。

5. 可选学摩尔质量的推导：

原子的摩尔质量＝1 mol 原子的质量＝一个原子的质量（g）$\times N_A$（mol^{-1}）

$$\text{相对原子质量}=\frac{\text{一个原子的质量}}{\text{一个}^{12}\text{C 原子质量的 }1/12}$$

$$=\frac{\text{一个原子的质量}\times N_A}{\text{一个}^{12}\text{C 原子质量}\times\frac{1}{12}\times N_A}$$

$$=\frac{\text{原子的摩尔质量}}{^{12}\text{C 原子的摩尔质量}\times\frac{1}{12}}$$

$$=\frac{\text{原子的摩尔质量}}{12\times\frac{1}{12}}$$

因此，原子的摩尔质量＝相对原子质量

6. 有关物质的量的计算要体现物质的量的桥梁作用。

7. 气体的摩尔体积要讲清楚条件，标准状况只是其中一种特定条件。介绍阿伏加德罗定律时强调同温、同压、同体积的任何气体所含的分子数相等或同温、同压、同物质的量的任何气体的体积相等。

例题补充

例 1 质量为多少的铁与 8 g 氧气所含的原子数目相等？

解：所含的原子数目相等，即以原子作为基本单元的物质的量相等。

8 g 氧气的物质的量为：$n_{O_2}=\dfrac{m_{O_2}}{M_{O_2}}=\dfrac{8\ \text{g}}{32\ \text{g/mol}}=0.25\ \text{mol}$。

所含氧原子的物质的量为：$n_O=2\times n_{O_2}=2\times 0.25\ \text{mol}=0.5\ \text{mol}$。

铁的基本单元为原子，根据题意，铁原子的物质的量=氧原子的物质的量。

因此，铁的质量为：$m_{Fe}=n_{Fe}\cdot M_{Fe}=n_O\cdot M_{Fe}=0.5\ \text{mol}\times 56\ \text{g/mol}=28\ \text{g}$。

例 2 在标准状况下 224 mL 某气体的质量为 0.16 g，已知该气体中只含有 C、H 两种元素，且 H 的质量分数为 25%，试确定该气体的分子式。

解：根据气体摩尔体积先求出该气体的摩尔质量，再求出分子中 C、H 原子个数，得到分子式。

由 $n=\dfrac{m}{M}=\dfrac{V}{V_m}$，得到：

$$M=\frac{m\cdot V_m}{V}=\frac{0.16\ \text{g}\times 22.4\ \text{L/mol}}{0.224\ \text{L}}=16\ \text{g/mol}$$

分子中含碳原子个数为：$\dfrac{16\ \text{g/mol}\times(1-25\%)}{12\ \text{g/mol}}=1$。

分子中含氢原子个数为：$\dfrac{16\ \text{g/mol}\times 25\%}{1\ \text{g/mol}}=4$。

因此，该气体的分子式为 CH_4。

2.2 溶液浓度及其计算

学习目标

1. 正确说出物质的量浓度的定义，并记住物质的量浓度公式的含义。
2. 能够进行各种浓度尤其是物质的量浓度与物质的量、物质的质量之间的计算。
3. 能够进行质量浓度和物质的量浓度的换算，能够进行溶液稀释的计算。

教学重点与难点

重点：

1. 物质的量浓度的正确表达及其含义。
2. 物质的量浓度的有关计算。

难点：

质量分数与物质的量浓度之间的换算。

教学方法提示

1. 质量浓度、体积分数、体积比浓度及物质的量浓度是与初中所学的溶液中溶质的质量分数同样重要的溶液表示方法。

2. 物质的量浓度表达式中，体积必须是溶液的体积，单位为升（L）。

3. 质量分数和物质的量浓度的换算依据是一定体积的溶液中，溶质的量（质量或物质的量）是一定的。

4. 溶液的稀释定律的依据是向一定体积的溶液中加入水的前后，溶质的量（质量或物质的量）是一定的。

5. 教学中要体现溶液的均一性。

教学流程参考

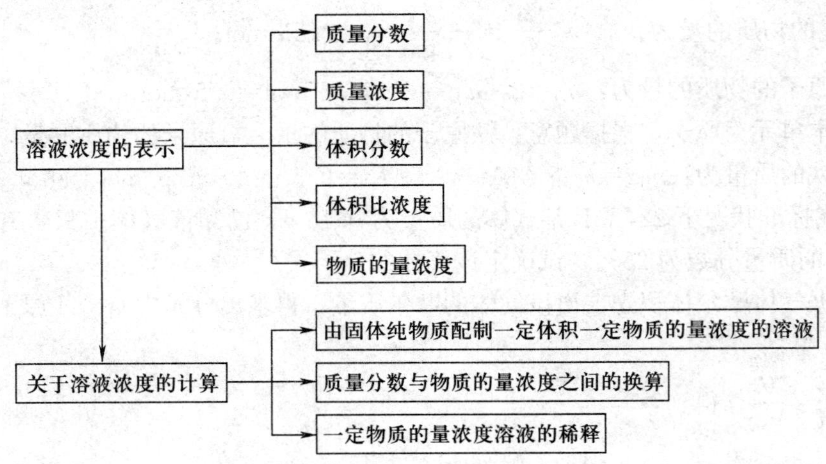

课程导入

用质量分数表示浓度时，溶质和溶液都是以质量表示，而化学特别是分析化学中，溶液一般用体积来表示，因此这里引入几个常用的浓度表示方法——质量浓度、体积分数、体积比浓度及物质的量浓度。

知识讲授

1. 常用的溶液浓度表示方式，除了质量分数还有质量浓度、体积分数、体积比浓度与物质的量浓度。

2. 物质的量浓度的定义及表达式中，溶质的物质的量可以通过质量、气体摩尔体积等计算，溶液的体积通常用升来表示。

3. 用纯物质配制一定体积的溶液，溶质一般称取质量。

4. 市售浓溶液一般给出质量分数和密度，质量分数和物质的量浓度的换算一定要用到密度，使用密度时要注意单位的换算，即：

溶质的质量＝溶液的质量×质量分数＝溶液的体积×溶液的密度×质量分数

$=1\ 000(\text{mL})\times\rho(\text{g/mL})\times\omega$

溶质的质量＝溶质的物质的量×溶质的摩尔质量

＝物质的量浓度×溶液的体积×溶质的摩尔质量

$=c(\text{mol/L})\times 1(\text{L})\times M(\text{g/mol})$

$$c(\text{mol/L})\times 1(\text{L})\times M(\text{g/mol})=1\ 000(\text{mL})\times\rho(\text{g/mL})\times\omega$$

则 $c=\dfrac{1\ 000\rho\omega}{M}$。

5. 稀释定律适用于溶液之间的配制，浓溶液配成稀溶液一般有两种情况：

(1) 浓溶液＋水→稀溶液

浓溶液：c_1、V_1；稀溶液：c_2、V_2

则 $c_1 \cdot V_1 = c_2 \cdot V_2$。

(2) 浓溶液＋更稀溶液→稀溶液

浓溶液：c_1、V_1，更稀溶液：c_2、V_2；稀溶液 c、V

则 $c_1 \cdot V_1 + c_2 \cdot V_2 = c \cdot V$。

例题补充

例 1 要配制 2 mol/L 的硝酸溶液 1 L，需要多少质量分数为 65%、密度为 1.4 g/mL 的浓硝酸？

解法一：浓硝酸的物质的量浓度为：

$$c_1 = \frac{1\,000\rho\omega}{M} = \frac{1\,000 \times 1.4 \times 65\%}{63} \approx 14.44 \text{ mol/L}$$

由 $c_1 \cdot V_1 = c_2 \cdot V_2$ 得

$$V_1 = \frac{c_2 \cdot V_2}{c_1} = \frac{2 \times 1\,000}{14.44} \approx 138.5 \text{ mL}$$

解法二：稀硝酸中溶质的质量为：

$$m = c_2 \cdot V_2 \cdot M = 2 \times 1 \times 63 = 126 \text{ g}$$

由 $m = \rho \cdot V_1 \cdot \omega$ 得

$$V_1 = \frac{m}{\rho \cdot \omega} = \frac{126}{1.4 \times 65\%} \approx 138.5 \text{ mL}$$

例 2 标准状况下，1 体积水里能够溶解 400 体积的氨，得到溶液的密度为 0.98 g/mL，求此氨水的质量分数和物质的量浓度。

解：本题计算涉及气体摩尔体积。设水的体积为 1 L，则氨气的体积为 400 L。通常溶质用 B 表示，溶剂用 A 表示，溶液不用标出，计算如下：

$$m_A = 1\,000 \text{ g/L} \times 1 \text{ L} = 1\,000 \text{ g}$$

$$n_B = \frac{V}{V_m} = \frac{400}{22.4} \approx 17.86 \text{ mol}$$

$$m_B = n_B \cdot M_B = 17.86 \times 17 = 303.62 \text{ g}$$

$$m = m_A + m_B = 1\,000 + 303.62 = 1\,303.62 \text{ g}$$

$$V = \frac{m}{\rho} = \frac{1\,303.62}{0.98} \approx 1\,330 \text{ mL} = 1.33 \text{ L}$$

$$\omega_B = \frac{m_B}{m} = \frac{303.62}{1\,303.62} \times 100\% \approx 23.3\%$$

$$c_B = \frac{n_B}{V} = \frac{17.86}{1.33} \approx 13.43 \text{ mol/L}$$

*2.3 有关化学反应方程式的计算

学习目标

1. 正确理解化学反应方程式表达的各物质之间的量的关系。

2. 能够运用化学反应方程式表示的计量关系，进行有关质量、物质的量、气体体积和物质的量浓度的计算。

教学重点与难点

重点：

根据化学反应方程式进行有关计算。

难点：

化学反应方程式计算时正确使用比例关系，有关转化率、产率以及不纯的原料、产品的计算。

教学方法提示

1. 带领学生通过化学反应方程式表示质量、物质的量、气体体积之比，其中物质的量浓度与体积的乘积可以相当于物质的量。

2. 可以用例证法说明各物质的计量单位可以不一样，但是同一物质只能使用同一个计量单位。

3. 有意识地引导学生掌握：某一物质使用什么单位应根据题目给定的条件或题目要求的量来决定。

4. 注意强调有关纯度、转化率、产率的计算要正确换算。

教学流程参考

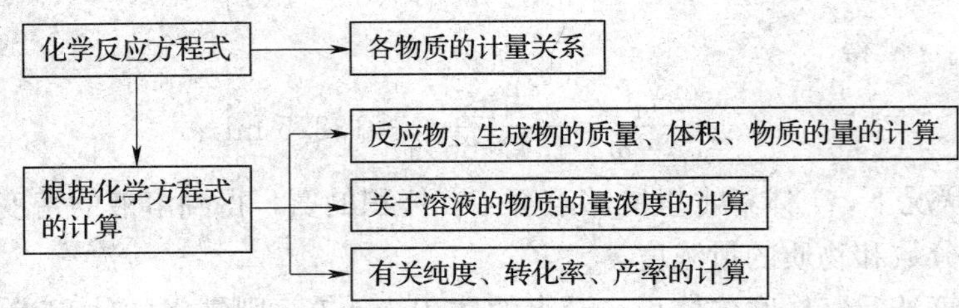

课程导入

化学反应方程式可以体现各反应物和生成物的计量关系比，根据各物质的性质不同，计量关系可以用质量、物质的量、气体体积、物质的量浓度等来表示，这是计算的依据。

知识讲授

1. 在计量关系中，气体一般用体积表示，必须注明是在标准状况下；溶液一般用物质的量浓度和体积表示；固体、纯液体一般用质量表示。

2. 计算时要正确写出化学反应方程式，对于混合物的情况，首先要分清楚哪些物质发生反应，哪些物质不发生反应。

3. 纯物质的质量＝给定物质的质量×纯度

$$原料的转化率=\frac{实际参加反应的原料的质量}{给定的原料总量}\times 100\%$$

$$原料的利用率=\frac{理论上消耗的原料的质量}{实际消耗的原料的质量}\times 100\%$$

如果没有副反应，原料的转化率等于原料的利用率；如果有副反应，原料的转化率一般大于原料的利用率。

$$产品的产率=\frac{实际产量}{理论产量}\times 100\%$$

例题补充

例 6.5 g 的镁和 20 mL 质量分数为 37%（密度为 1.19 g/mL）的浓盐酸反应，在标准状况下可以得到多少升的氢气？若实际只收集到 2.2 L，问氢气的产率是多少？

解：本题中两种原料参加反应，必然会出现两种情况，即完全反应或一种过量。判断的方法为：

$$\begin{array}{llll} Mg & + \ 2HCl & = MgCl_2 + H_2\uparrow & \\ 24\ g & 73\ g & & 22.4\ L \\ 6.5\ g & 0.37\times20\times1.19\ g & & x\ L \end{array}$$

因为 $\frac{6.5}{24}\approx0.27>\frac{0.37\times20\times1.19}{73}\approx0.12$

所以反应中 Mg 过量，应按照 HCl 的量来计算氢气的体积

$$x=\frac{0.37\times20\times1.19\times22.4}{73}\approx2.7\ L$$

$$氢气的产率=\frac{2.2}{2.7}\times100\%\approx81.5\%$$

Ⅲ　课后练习与习题册答案

课后练习答案

2.1　物质的量

1.（1）B　（2）C　（3）D　（4）D　（5）A

2.（1）80 g　3.01×10^{24}　1.204×10^{25}

（2）1∶2.96　27（提示：$\frac{3\times35.5}{3.94}$）

3.（1）①56 g　②32 g　③64 g　④142 g　⑤342 g

（2）①5 mol　②3 mol

2.2　溶液浓度及其计算

1.（1）C　（2）B

2.（1）20 g　0.5 mol/L　0.05 mol　2 g

（2）98 g　4 mol/L　2 mol/L

3.（1）1 mol/L　2 mol/L

（2）$m=c\cdot V\cdot M=0.2\times0.5\times M=0.1\ M$

物质	NaCl	KOH	Na_2CO_3	$CuSO_4\cdot5H_2O$
M（g/mol）	58.5	56	106	250
m（g）	5.85	5.6	10.6	25

*2.3　有关化学反应方程式的计算

1. 解：设需要 x 克 $FeCl_3$，y 克 NaOH。

$$FeCl_3 + 3NaOH = Fe(OH)_3 \downarrow + 3NaCl$$

162.5 g　120 g　　107 g

x g　　y g　　　4.28 g

$$x = \frac{162.5 \times 4.28}{107} = 6.5\ g$$

$$y = \frac{120 \times 4.28}{107} = 4.8\ g$$

2. 解：设原混合物中有 x 克 $KClO_3$，消失的质量全部生成为 O_2。

$$2KClO_3 \xlongequal[\triangle]{MnO_2} 2KCl + 3O_2$$

2×122.6 g　　　　3×32 g

x　　　　　　$(14-9.2)$ g

$$x = \frac{2 \times 122.6 \times (14-9.2)}{3 \times 32} = 12.26\ g$$

制得标准状态下 O_2 的体积：

$$\frac{14-9.2}{32} \times 22.4 = 3.36\ L$$

3. 解：H_2SO_4　＋　$2NaOH = Na_2SO_4 + 2H_2O$

1 mol　　　2 mol

$c \times 0.005$ L　0.5 mol/L×0.025 L

$$c = \frac{1 \times 0.5 \times 0.025}{2 \times 0.005} = 1.25\ mol/L$$

4. 解：$CaCO_3 \xlongequal{煅烧} CaO + CO_2$

100 kg　　56 kg

$x \times 90\%$ kg　28 kg

$$x = \frac{100 \times 28}{56 \times 90\%} \approx 55.6\ kg$$

$$原料的利用率 = \frac{55.6}{60} \times 100\% \approx 92.7\%$$

习题册答案

一、填空题

1. 物质的量　6.02×10^{23}　基本单元

2.

物质	Fe	CO_2	H_2O	H_2SO_4	Na_2CO_3	NaOH
化学式量（相对分子质量）	56	44	18	98	106	40
摩尔质量	56 g/mol	44 g/mol	18 g/mol	98 g/mol	106 g/mol	40 g/mol

3. 4　2　8　2

4. 7∶11　1∶1　1∶2

5. 0.1 mol　3.2 g　2.24 L

6. (1) $\frac{m}{M}$ (2) $2\times\frac{m}{M}\times N_A$ (3) $22.4\times\frac{m}{M}$ (4) $\frac{m}{M}$

7. 8 g/L 0.2 mol/L 0.02 mol 0.8 g

8. (1) 13.6 mL (2) 15 偏低 (3) 烧杯 防止局部溶液过热而暴沸 (4) 冷却后 玻璃棒 容量瓶 注入容量瓶 (5) 1～2 cm 胶头滴管

二、选择题

1. C 2. C 3. A 4. D 5. D 6. B 7. D 8. B 9. D 10. D 11. B 12. C 13. C 14. C 15. C

三、判断题

1. × 2. √ 3. √ 4. × 5. × 6. √ 7. √ 8. √ 9. × 10. × 11. √ 12. √

四、计算题

1. 解：(1) $N=n\cdot N_A$，因此 n 相等，N 相等。因此 0.5 mol 的 H_2 与 0.5 mol 的 O_2 的分子数相等。

(2) $n_{H_2}=\frac{m_{H_2}}{M_{H_2}}=\frac{0.5}{2}=0.25$ mol，$n_{O_2}=\frac{m_{O_2}}{M_{O_2}}=\frac{0.5}{32}\approx0.016$ mol。因此 0.5 g H_2 的分子数目比 0.5 g O_2 的多。

2. 解：(1) 相同条件下气体体积相等即物质的量相等。

$$m_{SO_2}=n_{SO_2}\cdot M_{SO_2}=n_{CO}\cdot M_{SO_2}=\frac{m_{CO}}{M_{CO}}\cdot M_{SO_2}=\frac{2.8}{28}\times64=6.4\text{ g}$$

(2) 相同温度和压强下，相同体积的任何气体都含有相同数目的气体分子。
因此，4.48 L CO_2 与 4.48 L H_2S 所含分子数目相等。

3. 解：$\frac{V}{V_m}=n=\frac{m}{M}$，则 $M=\frac{m\cdot V_m}{V}=\frac{3.4\times22.4}{2.24}=34$ g/mol。

4. 解：设需消耗 x 克 Z_n，可以生成 y 克 Z_nSO_4。

$$Zn+H_2SO_4 \!=\!=\!= ZnSO_4+H_2\uparrow$$

65 g　　161 g　22.4 L
x g　　y g　5.6 L

解之得 $x=16.25$ g，$y=40.25$ g。

5. 解：设可以制得 x 升 CO_2。

$$CaCO_3+2HCl \!=\!=\!= CaCl_2+H_2O+CO_2\uparrow$$

100 g　　22.4 L
150 g×90%　　x L

$$x=\frac{150\times90\%\times22.4}{100}=30.24\text{ L}$$

6. 解：$c=\frac{1\,000\rho\omega}{M}=\frac{1\,000\times1.4\times65\%}{63}\approx14.44$ mol/L

$V=\frac{c_2\cdot V_2}{c}=\frac{3\times100}{14.44}\approx20.78$ mL

7. (1) 5.85 g (2) 5.6 g (3) 10.6 g (4) 25 g

第三章　化学反应速率及化学平衡

Ⅰ　概　　述

一、教学目标和要求

1. 理解化学反应速率的定义、单位及表示方法；能够正确理解和掌握环境因素对化学反应速率的影响。

2. 理解可逆反应与化学平衡的建立；掌握化学平衡常数的表示及化学平衡的特征。

3. 掌握环境因素对化学平衡的影响，理解化学平衡移动原理的实质。

二、内容安排说明

本章知识结构：

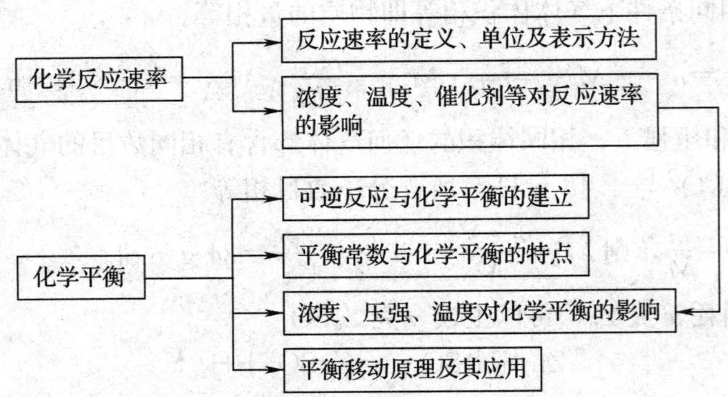

化学反应速率和化学平衡，分别从反应进行的快慢和反应进行的程度两个方面来研究化学反应，反应的快慢和程度除了与反应本身的性质有关外，还取决于反应进行时的条件，如浓度、压强、温度、催化剂等。

本章的内容分为两部分：一是化学反应速率的表示方法及影响因素，二是化学平衡的建立、特征以及平衡移动的影响因素。学习本章，对于理解化学反应的条件有很大帮助。

本章教学重点：

1. 化学反应速率的表示。

2. 影响化学反应速率的主要因素。

3. 化学平衡的建立及其特征。

4. 化学平衡常数的表达。

5. 化学平衡的移动。

本章教学难点：

1. 外界条件对化学反应速率的影响。

2. 理解化学平衡的建立。

3. 化学平衡移动方向的判断。

4. 平衡移动原理的理解。

三、本章教学时数分配建议

3.1　化学反应速率	2课时
3.2　化学平衡	2课时

Ⅱ　教材分析与教学建议

3.1　化学反应速率

学习目标

1. 正确理解化学反应速率的含义，正确表示化学反应速率并换算。

2. 理解环境条件对化学反应速率的影响。

教学重点与难点

重点：

1. 化学反应速率的表示及不同物质之间化学反应速率的换算。

2. 浓度、温度、催化剂等对化学反应速率的影响。

难点：

正确判断浓度、温度、催化剂等对化学反应速率的影响。

教学方法提示

1. 结合物理学的概念，引导学生理解速率表示的是平均速率，一定要指明时间范围。

2. 关于各种因素对化学反应速率的影响，原则上只介绍结论，尽量不展开介绍理论。

3. 介绍一种条件时，其他条件原则上保持不变。

4. 催化剂的定义及特点可以详细介绍。

5. 介绍其他因素对化学反应速率的影响时，着重介绍增大分子间的接触面积，相当于增加浓度。

教学流程参考

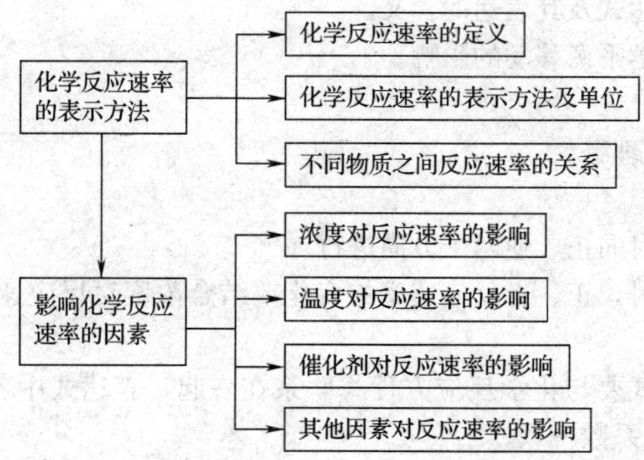

课程导入

不同反应的反应速率是不一样的，但对于反应物来讲，其浓度总是减小的。改变反应条件可以改变反应速率。

知识讲授

1. 反应速率一般用正值来表示，因此在计算反应物和生成物浓度变化时，反应物的速率表示浓度减少，生成物的速率表示浓度增加。浓度的单位用 mol/L，时间的单位根据速率的大小，可以用 s、min、h 等表示秒、分、小时。同一反应不同物质的反应速率数值不等，但在同一单位下，比值都为化学反应方程式的系数比。

2. 反应速率快慢不同的内因是参加反应物的性质的区别，外界条件的影响是次要因素。

3. 压强对有气体参加的反应的速率有影响，影响的方式与浓度相同。在一定温度下，有两种情况：物质的量不变，压强增大，体积缩小，浓度增大；体积不变，物质的量增大，压强增大，浓度增大。

4. 温度对于化学反应速率有影响，要强调不管是吸热反应还是放热反应，升高温度，反应速率都增大。只是升温对于吸热反应有利，因此增大的倍数大。

5. 催化剂要强调的是其在化学反应中组成、质量、化学性质不变，而物理性质可能发生改变，通常介绍的是正催化剂；催化剂具有如下特性：选择性，用量少、效率高，在一定温度范围内有活性，易发生催化剂中毒。

6. 其他影响化学反应速率的因素主要是接触面积的变化、分散程度、粒子运动速度和能量等。

3.2 化学平衡

学习目标

1. 正确理解可逆反应与反应平衡的建立，正确表示化学反应平衡常数，理解化学平衡的特点。

2. 理解浓度、压强、温度对化学平衡移动的影响，学会用平衡移动原理解释各条件对化学平衡的影响。

3. 能够运用化学反应速率和化学平衡原理对工业生产的有关工艺条件加以解释。

教学重点与难点

重点：

1. 平衡常数的表达式及其表达的含义。

2. 各种因素对化学平衡移动的影响。

难点：

对平衡移动原理的理解。

教学方法提示

1. 可逆反应能同时向正、逆两个方向进行。

2. 化学平衡建立时，正、逆反应速率的变化要结合浓度对反应速率的影响来解释，特别要强调温度一定。

3. 平衡常数表达式要与化学反应方程式联系在一起，表达式中各物质浓度的幂指数，与化学反应方程式中的系数一致。

4. 浓度、压强、温度等对化学平衡的影响，应重点讲解结论，有条件的情况下可以用浓度商来解释。

5. 催化剂强调的是其对平衡的状态没有影响，但能缩短达到平衡的时间。

教学流程参考

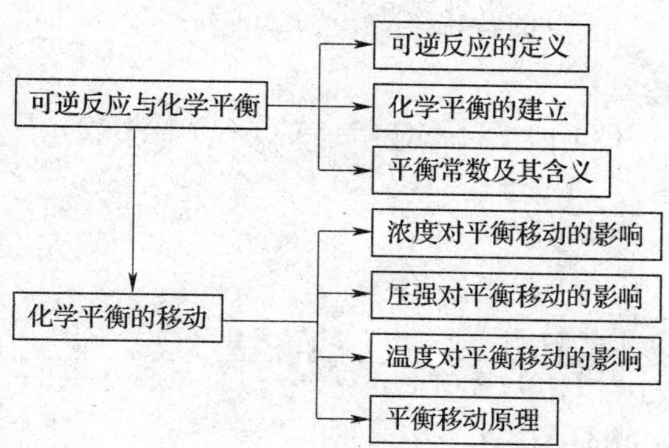

课程导入

化学反应发生时，除反应速率不同外，反应进行的程度即原料转化为产物的多少也是化学反应研究的重要内容。化学平衡就是研究化学反应达到平衡时，有多少反应物转化为生成物，以及如何让更多的反应物转化为生成物。

知识讲授

1. 不可逆反应是相对的，可逆反应是普遍存在的。讲解可逆反应时要突出其特点，即在相同的条件下，在同一个反应体系中，反应“结束”时反应物与生成物共同存在。

2. 讲解化学平衡的建立，要利用浓度对化学反应速率的影响，讲清楚正、逆反应速率的变化，平衡建立在正、逆反应速率相等的基础上。关于化学平衡的特点要讲清楚以下几点：平衡时浓度不再发生变化；在相同条件下，从两个方向建立的平衡的“平衡点”是相同的；平衡是动态平衡，此时反应没有停止，单位时间内有多少物质生成，就有多少物质反应掉。

3. 讲解平衡常数时，要讲清楚以下几点：各物质浓度的幂指数等于方程式前面的系数；固体、纯液体的浓度为常数，不表示在表达式中；平衡常数与反应本身有关，不同反应的平衡常数不同，平衡常数越大，反应越完全；平衡常数与温度有关，而与物质的浓度无关。

4. 各反应条件对于化学平衡的影响一般只要求给出结论，如需解释，可以用浓度商，也可以用化学反应速率进行解释。当反应条件改变时，若 $\upsilon_{正} > \upsilon_{逆}$，则平衡正向移动；若 $\upsilon_{正} < \upsilon_{逆}$，则平衡逆向移动；若 $\upsilon_{正} = \upsilon_{逆}$，则平衡不发生移动。

例题补充

例 在一定体积的密闭容器中，进行如下化学反应：

$$CO(g) + H_2O(g) \rightleftharpoons CO_2(g) + H_2(g)$$

该反应在 1 100 K 时 $K_c = 1.0$，试计算当开始时 CO 和 H_2O 的计量比分别为 1∶1、1∶5时，CO 的转化率分别为多少？

解：计量比为 1∶1 时

	$CO(g)$	$+H_2O(g) \rightleftharpoons$	$CO_2(g)$	$+H_2(g)$
开始浓度/(mol/L)	1	1	0	0
浓度变化/(mol/L)	$-x$	$-x$	$+x$	$+x$

平衡浓度/(mol/L)　1−x　1−x　x　x

$$K_c=\frac{[CO_2]\cdot[H_2]}{[CO]\cdot[H_2O]}=\frac{x\cdot x}{(1-x)\cdot(1-x)}=\frac{x^2}{(1-x)^2}=1.0$$

解之得：$x=0.5$ mol/L，因此

$$CO的转化率为\frac{0.5}{1.0}\times100\%=50\%$$

计量比为1∶5时

$$CO(g)+H_2O(g)\rightleftharpoons CO_2(g)+H_2(g)$$

	CO(g)	$H_2O(g)$	$CO_2(g)$	$H_2(g)$
开始浓度/(mol/L)	1	5	0	0
浓度变化/(mol/L)	$-x$	$-x$	$+x$	$+x$
平衡浓度/(mol/L)	$1-x$	$5-x$	x	x

$$K_c=\frac{[CO_2]\cdot[H_2]}{[CO]\cdot[H_2O]}=\frac{x\cdot x}{(1-x)\cdot(5-x)}=\frac{x^2}{(1-x)(5-x)}=1.0$$

解之得：$x\approx0.833$ mol/L，因此

$$CO的转化率为\frac{0.833}{1.0}\times100\%=83.3\%$$

从上述计算结果可以看出，增大反应中 H_2O 的用量，可以增大CO的转化率。在生产中，通常通过增大某一廉价、来源广泛的反应物的用量，使另一成本较高或有毒害的原料的转化率得到提高。

Ⅲ　课后练习与习题册答案

课后练习答案

3.1　化学反应速率

1. (1) 反应物浓度　生成物浓度　(2) 0.3 mol/(L·s)

2. (1) B　(2) C

3. 1 mol/L的溶液中产生氢气的速率快，因为浓度越大，化学反应速率越快；热盐酸中产生氢气的速率快，因为温度越高，化学反应速率越快。

4. (1) ①增大反应物浓度（一般增大 H_2O 的浓度）；②增大压强；③升高反应温度；④使用适当的催化剂。

(2) ①增大 O_2 的浓度（一般鼓入新鲜的空气）；②增大压强；③升高反应温度；④增大C (s) 的粉碎程度。

3.2　化学平衡

1.

条件的改变（其他条件不变）	对化学平衡的影响
增大 O_2 的浓度	平衡向正方向移动
减少 SO_3 的浓度	平衡向正方向移动
增大压强	平衡向正方向移动

续表

条件的改变（其他条件不变）	对化学平衡的影响
升高温度	平衡向逆方向移动
使用催化剂	无影响

2. （1）C （2）D （3）B

3. 抢救煤气中毒患者时要注意：迅速离开含有 CO 的环境；让患者吸入新鲜空气或纯 O_2，最好吸入高压氧。

习题册答案

一、填空题

1. 反应物浓度 生成物浓度

2. 0.1 mol/(L·s) 0.2 mol/(L·s)

3. 浓度 压强 温度 催化剂

4. 组成 质量 化学性质 不变 加快

5. 相同的 相反方向

6. （1）加深 （2）加深 （3）加深

7. 向逆方向移动 吸

8. （1）固体或纯液体 （2）吸 增大 也增大 （3）气 气

*9. 20% 2 0.75 mol/L

*10. （1）小于 大于 （2）向左 不 （3）不变 增大

*11. （1）$m+n>p$ （2）逆 （3）气

二、选择题

1. A 2. B 3. A 4. B 5. B 6. D 7. D 8. B 9. A 10. B 11. C 12. B

三、判断题

1. √ 2. × 3. × 4. × 5. √ 6. × 7. √ 8. （1）× （2）√ （3）×

四、问答题

1. 增大硫酸的浓度，出现浑浊的时间缩短，因为浓度越大，反应速率越大；升高温度，出现浑浊的时间缩短，因为温度越高，反应速率越大。

2. 冰箱内的温度低，降低了食物腐败的化学反应速率，因此可以延长食品的保存期。

3. （1）该反应为放热反应；（2）适当增大 H_2O（g）的使用量；适当降低温度。

4. 抢救煤气中毒患者时要注意：增大 O_2 浓度并降低 CO 浓度，使反应向逆向进行。措施有：迅速离开含有 CO 的环境；让患者吸入新鲜空气或纯 O_2，最好吸入高压氧。

5. 吃甜食时由于会产生 H^+，与 $Ca_5(PO_4)_3OH$ 电离出的 OH^- 发生中和反应，使得 $Ca_5(PO_4)_3OH$ 的电离向正方向进行，使牙釉质被破坏，造成牙齿的损坏。

6. （1）$\frac{[CO]\cdot[H_2O]}{[CO_2]\cdot[H_2]}$ （2）吸热 （3）C （4）830

7. （1）$\frac{[CO_2]}{[CO]}$ （2）增大 增大 （3）否 $>$ $Q_c<K_c$

第四章　电解质溶液

Ⅰ　概　　述

一、教学目标和要求

1. 理解电解质的定义、强弱电解质的电离；能够正确理解弱电解质的电离平衡、电离常数、电离度的概念；能够正确进行一元弱酸（碱）的［H^+］和［OH^-］的计算。

2. 理解水的电离平衡；掌握溶液的酸碱性及 pH 的计算方法；掌握酸碱指示剂的变色情况及对应的 pH。

3. 理解盐的水解的实质；掌握盐的分类以及不同类型盐的水溶液酸碱性的判断；了解盐的水解的影响因素及其应用。

4. 掌握氧化还原反应的基本概念；了解原电池的工作原理及原电池的结构；了解电解池的工作原理及电解的应用。

二、内容安排说明

本章知识结构：

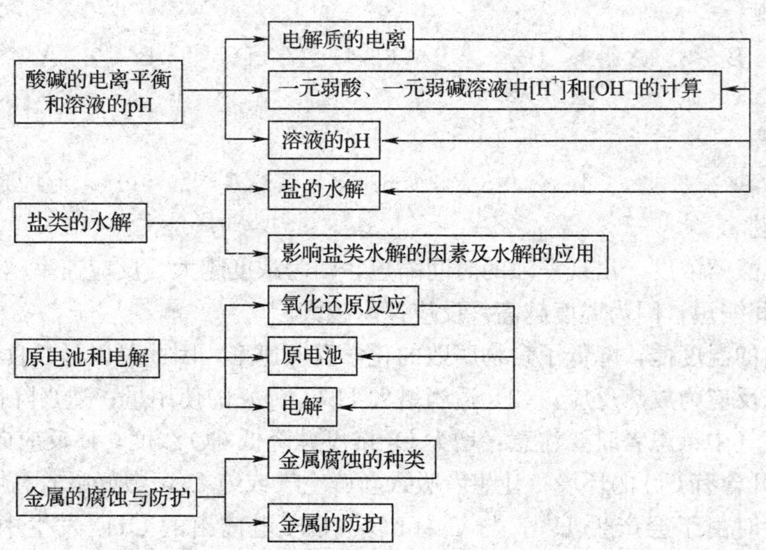

酸碱的电离平衡和盐的水解平衡都是化学平衡在溶液中的应用，遵循化学平衡的有关理论和规律。原电池和电解是氧化还原平衡在实际中的应用，也与电解质溶液有着密切的关系。

本章内容分为四个部分：第一部分的重点内容是酸碱的电离平衡和酸碱溶液 pH 的计算；第二部分的重点内容是盐类的水解和影响水解的因素；第三部分的重点内容是氧化还原

反应的基本概念以及原电池、电解的基本原理和应用；第四部分的重点内容是金属腐蚀的定义、种类以及防护的三类方法。学习本章，可以加深对化学平衡的有关理论和规律的印象。

本章教学重点：

1. 电解质的定义及分类，一元弱酸、一元弱碱溶液中［H^+］和［OH^-］的计算以及有关 pH 的计算。
2. 盐类的水解以及有关溶液酸碱性的判断。
3. 氧化还原的基本概念及原电池、电解的基本原理。
4. 金属腐蚀的种类及防护措施。

本章教学难点：

1. 弱电解质的电离及酸碱性的计算。
2. 盐类酸碱性的判断。
3. 氧化还原的基本概念及原电池、电解的基本原理。
4. 金属的电化学腐蚀。

三、本章教学时数分配建议

*4.1	酸碱的电离平衡和溶液的 pH	2 课时
4.2	盐类的水解	2 课时
*4.3	原电池和电解	2 课时
*4.4	金属的腐蚀与防护	2 课时

Ⅱ　教材分析与教学建议

*4.1　酸碱的电离平衡和溶液的 pH

学习目标

1. 能够正确理解电解质的含义，理解电解质的强弱分类。
2. 理解电离平衡的建立、电离常数的表达、电离度及与电离常数之间的关系。
3. 正确进行一元弱酸、一元弱碱的［H^+］和［OH^-］的计算。
4. 理解水的电离以及水的离子积的概念；理解 pH 的概念以及溶液的酸碱性与 pH 的关系；正确计算酸碱溶液的 pH。
5. 了解酸碱指示剂与溶液的酸碱性之间的关系。

教学重点与难点

重点：

1. 弱电解质的电离平衡的建立、电离常数的表达、电离度及与电离常数之间的关系。
2. 一元弱酸、一元弱碱的［H^+］和［OH^-］的计算。
3. 溶液的酸碱性与 pH 的关系；正确计算酸碱溶液的 pH。

难点：

1. 一元弱酸、一元弱碱的［H^+］和［OH^-］的计算。

2. 正确计算酸碱溶液的 pH。

教学方法提示

1. 引导学生采用排除法记忆弱电解质。弱电解质主要是弱酸和弱碱，除强酸、强碱外的都可以看成弱酸、弱碱。常见的强酸是 HCl、HBr、HI、H_2SO_4、HNO_3、$HClO_3$、$HClO_4$，常见的强碱是 $NaOH$、KOH、$Ca(OH)_2$、$Ba(OH)_2$。

2. 要讲清电离平衡常数是一种化学平衡常数，其表达式及意义与化学平衡常数相同，还要明确电离度相当于转化率。

3. 计算一元弱酸、一元弱碱的 $[H^+]$ 和 $[OH^-]$ 时，首先要分清物质的种类，然后正确查表计算。

4. 溶液的酸碱性用 pH 表示，pOH 一般用于换算。

教学流程参考

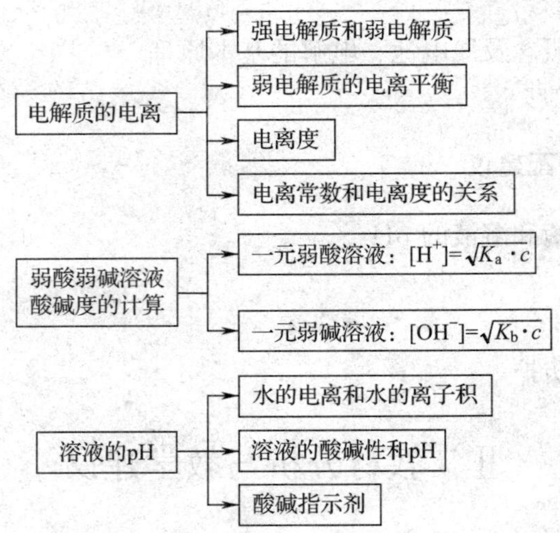

课程导入

在初中已经学过，酸在水溶液中电离出的阳离子全部是 H^+，碱在水溶液中电离出的阴离子全部是 OH^-。那么物质在水溶液中的电离到底有什么规律，为什么有些化合物的水溶液能够导电，有些却不导电？为什么有的导电能力强，有的导电能力弱？

知识讲授

1. 强电解质主要是盐、强酸和强碱，弱电解质主要是弱酸、弱碱。强电解质的电离是完全电离，相当于不可逆反应；弱电解质的电离是部分电离，相当于可逆反应。

2. 书中只介绍一元弱酸、一元弱碱的情况，对于多元弱酸，电离是分步进行的，第二步要比第一步难得多。

3. 电离平衡是溶液中电解质分子与电离得到的离子之间建立的化学平衡，电离平衡常数用来表示电解质电离能力的强弱。相同浓度的电解质溶液，电离常数越大，溶液中电离得到的离子浓度越大，导电能力越强。

4. 电离度相当于转化率，它与溶液的浓度有关，一般溶液的浓度越小，电离度越大。

5. 水是极弱的电解质，常温下纯水的离子积 $K_w=[H^+]\cdot[OH^-]=10^{-14}$，温度升高时离子积会增大，但增大的幅度很小。

在水中加入酸、碱会改变 H^+、OH^- 浓度的相对大小，但水的离子积保持不变。H^+、

OH^-浓度可以相互换算，因此，只用H^+的浓度就可以表示溶液的酸碱性，通常用 pH 来表示。

指示剂是一类在不同的 pH 条件下呈现不同颜色的物质，利用它们的颜色变化，可以指示溶液的 pH。

4.2 盐类的水解

学习目标

1. 能够正确理解盐类水解的实质，判断不同类型的盐的水解情况。

2. 理解水解平衡也是一种化学平衡，它符合化学平衡的特点和规律，能够利用化学平衡的有关知识解释水解的影响因素和具体应用。

教学重点与难点

重点：

1. 不同类型的盐水解后溶液酸碱性的判断。

2. 在配制溶液时，能够应用水解的有关知识。

难点：

1. 盐类水解的过程及水解方程式的书写。

2. 正确判断盐的种类及溶液的酸碱性。

教学方法提示

1. 可以借助水解平衡的有关公式来说明：组成盐的弱酸或弱碱部分发生水解。弱酸部分越弱（K_a 越小），水解程度越大，消耗的［H^+］越大，溶液的碱性越强；弱碱部分越弱（K_b 越小），水解程度越大，消耗的［OH^-］越大，溶液的酸性越强。

2. 注意引导学生理解水解平衡是一种化学平衡，平衡移动的主要影响因素是浓度和温度。抑制水解的发生主要通过加入相应的强酸或强碱的方法，而加大水解程度则可以通过加热的方法，因为水解反应为吸热反应。

教学流程参考

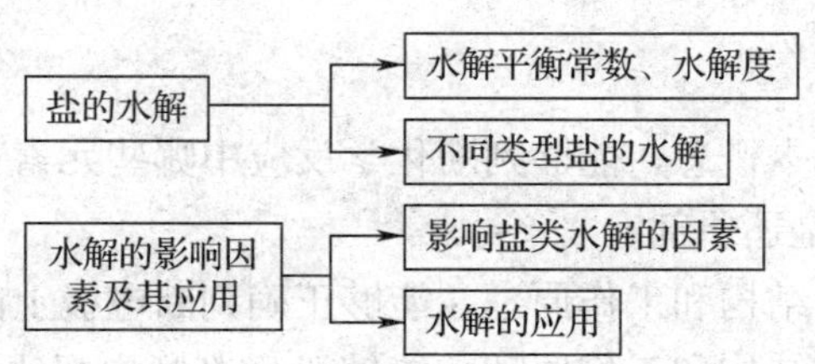

课程导入

在水中加入酸后显酸性，加入碱后显碱性，而加入盐后可以显酸性、碱性或中性，说明盐在水溶液中除电离出相应的阴、阳离子外，还会对溶液中H^+、OH^-的浓度产生影响。

知识讲授

1. 盐可以看成是中和反应的产物，盐的种类由参加反应的酸碱的种类决定，因此盐可以分为强酸强碱盐、强酸弱碱盐、弱酸强碱盐、弱酸弱碱盐。

2. 一般情况下盐水解的程度较小，它的实质是弱电解质的阴、阳离子与水电离出的H^+、OH^-结合为弱电解质的过程，是中和反应的逆反应。由于水电离的程度受到消耗的

H^+或OH^-的影响，如形成的弱电解质的K_i越小，越易生成，消耗的H^+或OH^-越多，水电离的程度越大，同时多余的OH^-或H^+越多，溶液的酸碱性越明显。

3. 盐的水解只要求掌握强酸弱碱盐和弱酸强碱盐这两种情况，强酸强碱盐不水解，弱酸弱碱盐情况比较复杂，不过多介绍。

4. 讲解影响盐水解的因素时，根据化学平衡移动的影响因素，压强影响较小，主要为浓度和温度的影响。

5. 盐类水解的应用主要讲解盐溶液的配制方法，以及实际生产中应用水解制得工业产品、净水剂和物质的分离等。

例题补充

例 泡沫灭火器的工作原理是在灭火器中有内外两个桶，分别盛放$Al_2(SO_4)_3$和$NaHCO_3$的饱和溶液，不使用时必须保持灭火器直立，不能倒下。使用前将灭火器倒立，拔掉插销，对准着火点喷射泡沫，使泡沫覆盖在着火物上而达到灭火的效果。试运用化学知识解释泡沫灭火器的工作原理。

解：$Al_2(SO_4)_3$为强酸弱碱盐，水解后显酸性，但水解较弱，无沉淀生成。

$$Al_2(SO_4)_3+6H_2O \rightleftharpoons 3H_2SO_4+2Al(OH)_3$$

$$Al^{3+}+3H_2O \rightleftharpoons Al(OH)_3+3H^+$$

$NaHCO_3$为弱酸强碱盐，水解后显碱性，但水解较弱，无气体生成。

$$NaHCO_3+H_2O \rightleftharpoons H_2CO_3+NaOH$$

$$HCO_3^-+H_2O \rightleftharpoons H_2CO_3+OH^-$$

当$Al_2(SO_4)_3$和$NaHCO_3$混合后，由于H_2SO_4和$NaOH$发生中和反应，使得$Al_2(SO_4)_3$和$NaHCO_3$的水解朝着正方向移动，水解完全，生成大量的$Al(OH)_3$沉淀和CO_2气体，$Al(OH)_3$沉淀随溶液覆盖在着火物的表面，CO_2气体起到隔绝空气的作用，从而达到灭火的效果，化学方程式如下：

$$Al_2(SO_4)_3+6NaHCO_3 = 2Al(OH)_3\downarrow+6CO_2\uparrow+3Na_2SO_4$$

*4.3 原电池和电解

学习目标

1. 掌握氧化还原的基本概念，能够判断化学反应中哪些元素被氧化，哪些元素被还原，以及什么是氧化剂，什么是还原剂。

2. 了解原电池的基本结构和工作原理，能够正确判断电极上的得失电子关系。

3. 了解电解池的基本结构和工作原理，能够正确判断电极上的得失电子关系；了解电解在实际生产中的主要应用。

教学重点与难点

重点：

1. 氧化还原反应中得失电子关系、氧化还原关系，以及氧化剂、还原剂的判断。

2. 原电池正负极的判断及得失电子关系。

3. 电解池的阴阳极的判断及得失电子关系，电镀和精炼金属的基本原理。

难点：

1. 氧化还原反应中的得失电子关系。

2. 原电池的正负极得失电子关系和电解池的阴阳极得失电子关系。

教学方法提示

1. 首先要求记住元素的化合价，常见元素化合价口诀：

一价氢氯钾钠银，二价氧钙钡镁锌，
三铝四硅五价磷，二三铁，二四碳，
二四六硫都齐全，铜汞二价最常见，
一五七氯常常见，单质零价永不变。

2. 要求学生掌握有关元素的化合价的规定和计算规则：

一般规定：F 为－1 价，Na、K 为＋1 价，Ca、Mg 为＋2 价，Al 为＋3 价，H 一般为＋1 价，O 一般为－2 价，其他元素的化合价依循序计算或类比得到。单质中元素的化合价为零。

计算规则：化合物中所有元素原子的化合价的代数和为零，复杂离子中所有元素原子的化合价的代数和等于离子所带电荷数。

3. 原电池和电解池的教学可以借助于简单的实验装置来演示，加深学生印象，启发学生思考。

教学流程参考

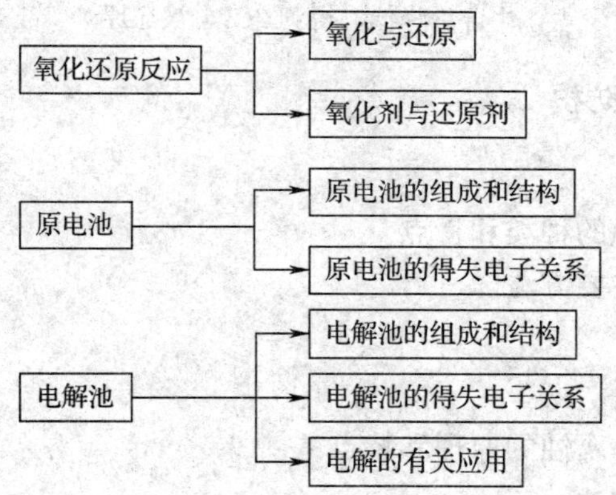

课程导入

电解质溶液能够导电，导电时有什么反应发生？导电的条件是什么？电解质溶液导电过程的实质是得失电子的过程，也就是初中所学过的发生氧化还原反应的过程。

知识讲授

1. 氧化还原反应的讲解应从得氧、失氧，到化合价的升高、降低，再到氧化还原的本质是得到、失去电子。要能够用电子转移关系说明在氧化还原平衡中，得到和失去的电子数是相等的。要讲清楚被氧化、被还原的是元素，而这些元素所在的物质是还原剂和氧化剂。氧化还原可以发生在不同物质的不同元素之间，也可以发生在同一物质中同一元素的不同原子之间。

2. 原电池组成的三个要素：电解质溶液、电极导电材料、外接线路形成闭合电路。通常电极导电材料用两种不同活泼性的金属材料制成：较活泼的金属为负极，失去电子而溶解；较不活泼的金属为正极，溶液中的相关阳离子在此得到电子而析出。

3. 电解池组成的三个要素：电解质溶液、电极导电材料、外接直流电源。电解池的阳极一般用惰性材料，如石墨、金属铂等，如果用金属材料作阳极，则阳极金属失去电子而发生溶解。惰性阳极在阳极区阴离子放电顺序一般为：$S^{2-} \rightarrow I^- \rightarrow Br^- \rightarrow Cl^- \rightarrow OH^-$，电解的产物一般为 S、$I_2$、$Br_2$、$Cl_2$、$O_2$。阴极上主要是溶液中的阳离子得电子，阳极区阳离子得电子的顺序一般为：活泼性在 Al（含 Al）以前的金属离子的溶液中 H^+ 得电子放出氢气，其他金属离子（或 H^+）的溶液中金属离子（或 H^+）得电子而析出金属（或氢气）。

4. 电镀或精炼金属都是电解的应用。以镀层（炼）金属作阳极，以镀件（精金属）作阴极，以含镀层（精炼）金属离子的溶液做电镀（解）液。

例题补充

例 标出下列氧化还原反应的电子转移情况，并指明什么是氧化剂，什么是还原剂。

$$H_2S + Cl_2 = 2HCl + S\downarrow$$

解：先标出各元素原子的化合价的变化，得出电子得失的数量，标明方向，指出氧化还原关系及氧化剂还原剂的种类。这里 Cl_2 是氧化剂，H_2S 是还原剂。

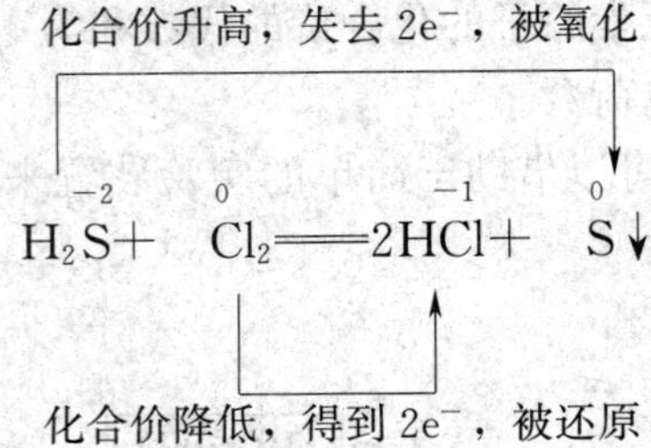

*4.4 金属的腐蚀与防护

学习目标

1. 能够说出金属腐蚀的种类和特点。
2. 识记金属防腐的主要方法。

教学重点与难点

重点：

1. 化学腐蚀与电化学腐蚀的原理和特点。
2. 金属防护的主要方法。

难点：

对于电化学腐蚀原理的理解。

教学方法提示

化学腐蚀的实质就是化学反应，要根据原电池的基本原理来理解电化学腐蚀的过程和防护的基本原理。

教学流程参考

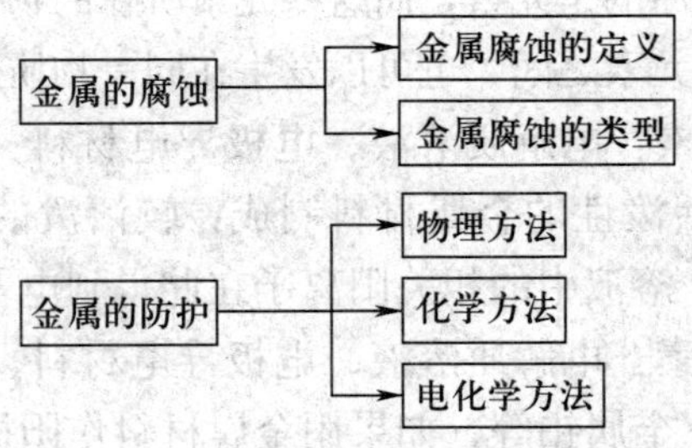

课程导入

金属单质容易失去电子，当它们暴露在空气中或与其他物质接触时，会失去电子而被氧化，金属材料被损耗甚至失去作用，这就是金属的腐蚀。

知识讲授

1. 腐蚀就是发生化学反应，金属单质转变成了化合物。金属跟腐蚀介质直接反应的是化学腐蚀；金属与另一物质及电解质溶液组成原电池而发生的腐蚀是电化学腐蚀。除在干燥情况下外，化学腐蚀与电化学腐蚀往往同时发生，电化学腐蚀比化学腐蚀明显。

2. 钢铁在潮湿的空气中所发生的腐蚀就是典型的电化学腐蚀。钢铁中都含有碳，钢铁腐蚀发生反应时，铁作为原电池的负极，而碳作为原电池的正极，负极的铁失去电子，而水膜中的氧气或 H^+ 却在正极得到电子。

在酸性环境或溶于水中的 CO_2 等电离出 H^+ 时：

负极 $Fe-2e^- = Fe^{2+}$

正极 $2H^+ + 2e^- = H_2\uparrow$

总反应方程式 $Fe+2H^+ = Fe^{2+} + H_2\uparrow$

$$Fe^{2+}+2OH^- = Fe(OH)_2$$

$$Fe+2H_2O = Fe(OH)_2+H_2\uparrow$$

这种腐蚀称为析氢腐蚀。

在中性环境中，水膜中得电子的主要是 O_2：

负极 $Fe-2e^- = Fe^{2+}$

正极 $O_2+4e^-+2H_2O = 4OH^-$

总反应方程式 $2Fe+O_2+2H_2O = 2Fe(OH)_2$

这种腐蚀称为吸氧腐蚀。

生成的 $Fe(OH)_2$ 再被大气中的氧气氧化为 $Fe(OH)_3$ 沉淀，$Fe(OH)_3$ 部分脱水后成为铁锈。

3. 在金属表面镀上一层其他金属可以保护金属不被腐蚀，如在铁的表面镀锌得到镀锌管、镀锌铁皮（白铁皮），在铁皮的表面镀锡得到马口铁。

白铁皮中锌比铁活泼，形成原电池时锌作为负极被氧化，铁被保护，且锌氧化的产物碱式碳酸锌是一层致密的保护膜，进一步加强对铁的保护。马口铁表面镀锡，可以制作罐头等，但马口铁的镀层必须完好无损，一旦破损，铁作为负极，锡作为正极，会加快铁的腐蚀。

Ⅲ　课后练习与习题册答案

课后练习答案

*4.1　酸碱的电离平衡和溶液的 pH

1. (1) 强酸　强碱　盐　完全　强碱　$NaOH = Na^+ + OH^-$

(2) 弱　部分　$HF \rightleftharpoons H^+ + F^-$

(3) $=$　$=$　$=$　$>$　$=$　$<$　$<$　$=$　$>$

(4) 盐酸　醋酸　氨水　氢氧化钠

2. (1) C　(2) A　(3) C

3. 因为氨水和醋酸都是弱电解质，所以导电能力较弱，但当两者混合后，发生中和反应生成强电解质醋酸铵，所以导电能力增强，灯泡变明亮。

4. (1) 硫酸是强酸，$c_{H^+}=2c_{H_2SO_4}=2\times0.05=0.1\ mol/L$

$$pH=-\lg[H^+]=-\lg 0.1=1$$

(2) NaOH 是强碱，$c_{OH^-}=c_{NaOH}=0.05\ mol/L$

$$pOH=-\lg[OH^-]=-\lg 0.05\approx1.3$$

$$pH=14-pOH=14-1.3=12.7$$

(3) HAc 是弱酸，查表得：$K_a=1.8\times10^{-5}$，

$$[H^+]=\sqrt{K_a\cdot c_a}=\sqrt{1.8\times10^{-5}\times0.05}\approx9.5\times10^{-4}\ mol/L$$

$$pH=-\lg[H^+]=-\lg 9.5\times10^{-4}\approx3.02$$

(4) $NH_3\cdot H_2O$ 是弱碱，查表得：$K_b=1.8\times10^{-5}$，

$$[OH^-]=\sqrt{K_b\cdot c_b}=\sqrt{1.8\times10^{-5}\times0.05}\approx9.5\times10^{-4}\ mol/L$$

$$pOH=-\lg[OH^-]=-\lg 9.5\times10^{-4}\approx3.02$$

$$pH=14-pOH=14-3.02=10.98$$

4.2　盐类的水解

1. (1) 中和　酸　弱酸强碱　碱　强酸强碱　中

(2) H_2SO_4　NaOH

2. (1) A　(2) B

3. K_2CO_3是强碱弱酸盐，水解后显碱性，$(NH_4)_2SO_4$、NH_4Cl 等铵盐是强酸弱碱盐，水解后显酸性，单独存在时水解程度不大，但当两者相遇时，由于发生中和反应，促进水解的进行，生成氨气和二氧化碳气体，使得铵盐的效果降低。

*4.3　原电池和电解

1. (1) 电子的转移　失去　氧化　还原剂　得到　还原　氧化剂

(2) 化学　电　负　正　负　正　负　正

2. (1) C　(2) C

3. 滴入几滴 $CuSO_4$溶液时，Zn 与 $CuSO_4$发生置换反应，生成的 Cu 附着在 Zn 的表面，与溶液一起形成原电池，Zn 作负极，失电子被氧化，Cu 作正极，H^+ 在正极上得电子被还原，因此反应速率加快。

*4.4　金属的腐蚀与防护

1. (1) A　(2) B　(3) A　(4) A

2. 金属腐蚀分为化学腐蚀和电化学腐蚀。化学腐蚀是指金属表面与非电解质直接发生化学反应而引起的腐蚀。电化学腐蚀是指金属在水溶液中，与离子导电的电解质发生电化学反应产生的破坏。

习题册答案

一、填空题

1. 逐渐减小　逐渐增大　相等　电离平衡

2. 强　完全　$NaOH = Na^+ + OH^-$　弱　部分　$NH_3 \cdot H_2O \rightleftharpoons NH_4^+ + OH^-$

3. $\frac{\text{已电离的弱电解质的浓度}}{\text{弱电解质的起始浓度}} \times 100\%$

4. 大

5. 小于　因为 $NH_3 \cdot H_2O$ 是弱电解质，其 OH^- 的浓度与电解质溶液浓度的平方根成正比，因此其比值小于 10

6.

加入的物质	少量 NaOH 溶液	少量 HCl 溶液	少量 CH_3COONa 固体
对电离平衡的影响	平衡向右移动，电离程度增大	平衡向左移动，电离程度减小	平衡向左移动，电离程度减小

7. H^+　OH^-　1×10^{-7} mol/L　1×10^{-14}

8. ＝　＜

9. (2) (1) (4) (5) (3)

10. ＞　＜　＝　＝　＜　＞

11. $FeCl_3$、NH_4NO_3、$Al_2(SO_4)_3$　$NaNO_3$　Na_2CO_3、K_2S　$NaNO_3$

12. H_2SO_4　KOH

13. 电子　氧化还原　失去　氧化　还原　得到　还原　氧化

14. I　Fe　$FeCl_3$　KI

15. 负　正　负　正　负　正

16. 阳　氧化　阴　还原

17. 阴　阳　含镀层金属离子的溶液

二、选择题

1. A　2. D　3. C　4. C　5. C　6. B　7. B　8. B　9. D　10. D　11. A　12. B　13. B　14. C　15. AD　16. C　17. C　18. C　19. A　20. C　21. D

三、判断题

1. ×　2. ×　3. ×　4. √　5. √　6. ×　7. √　8. ×　9. √　10. √　11. √　12. √　13. ×

四、计算题

1. 解：$HNO_2 \rightleftharpoons H^+ + NO_2^-$

$$\alpha = \frac{0.1 - 0.0928}{0.1} \times 100\% = 7.2\%$$

$$K_{HNO_2} = \frac{[H^+] \cdot [NO_2^-]}{[HNO_2]} = \frac{0.0072 \times 0.0072}{0.0928} \approx 5.59 \times 10^{-4}$$

2. 解：$CH_3COOH \rightleftharpoons CH_3COO^- + H^+$

$$[H^+] = \sqrt{K_a \cdot c_a} = \sqrt{1.8 \times 10^{-5} \times 0.02} = 6 \times 10^{-4} \text{ mol/L}$$

$$pH=-\lg[H^+]=-\lg 6\times10^{-4}\approx3.22$$

$$\alpha=\frac{6\times10^{-4}}{0.02}\times100\%=3\%$$

五、问答题

1. 因为氨水和醋酸都是弱电解质，所以导电能力较弱，但当两者混合后，发生中和反应生成强电解质醋酸铵，所以导电能力增强。

2. $CuSO_4$为强酸弱碱盐，会发生水解生成 $Cu(OH)_2$，加热时水解程度加大，会形成 $Cu(OH)_2$沉淀而出现浑浊；溶解 $CuSO_4$ 时可以先加入少量稀硫酸溶液，就能得到澄清的 $CuSO_4$溶液。

3. K_2CO_3是强碱弱酸盐，水解后显碱性，$(NH_4)_2SO_4$、NH_4Cl 等铵盐是强酸弱碱盐，水解后显酸性，单独存在时水解程度不大，但当两者相遇时，由于发生中和反应，促进水解的进行，生成氨气和二氧化碳气体，使得铵盐含量降低，肥料的效果降低。

第五章　重要的非金属及其化合物

Ⅰ　概　　述

一、教学目标和要求

1. 能够说出非金属元素性质的相似性与递变性规律。

2. 能够说出卤素元素单质及化合物的通性与变化规律，能够指出卤素及其常见化合物的重要化学性质。

3. 能够说出几种重要的氧、硫化合物及其主要性质。

4. 能够说出几种重要的氮、磷、砷化合物及其主要性质。

5. 能够说出几种重要的碳、硅化合物及其主要性质。

二、内容安排说明

本章知识结构：

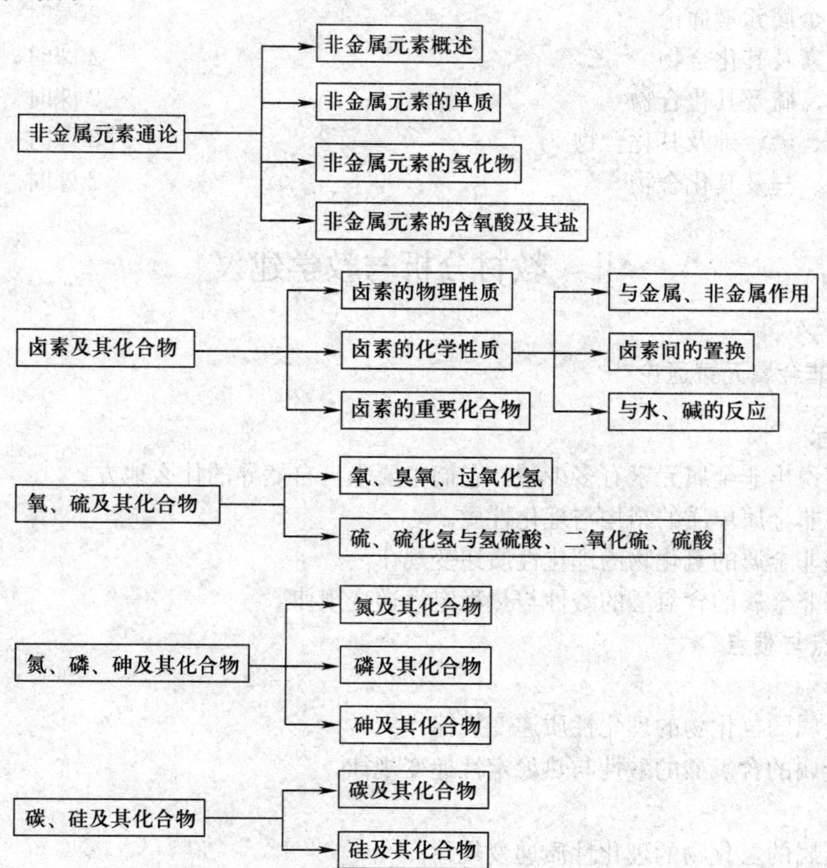

本章主要研究非金属元素的种类，单质、氢化物、含氧酸及其盐的性质的变化规律；然后对不同族的重要非金属元素的单质、化合物的性质与重要化学性质进行依次介绍。

本章内容分为五部分，第一部分的重点内容是非金属元素的通论；第二部分的重点内容是卤素及其化合物的理化性质；第三部分的重点内容是氧、硫及其化合物的理化性质；第四部分的重点内容是氮、磷、砷及其化合物的理化性质；第五部分的重点内容是碳、硅及其化合物的理化性质。

本章教学重点：

1. 非金属元素的通性与递变性。
2. 卤素单质的物理性质，卤素单质与金属、非金属（氢气、磷）的反应，以及与碱溶液的反应，卤素单质的制取及检验方法。
3. 氧、硫的重要单质与化合物的化学性质。
4. 氮、磷、砷的重要化合物的化学性质。
5. 碳、硅的重要化合物的化学性质。

本章教学难点：

1. 正确书写相关化学反应方程式。
2. 有关物质的性质比较和制取方法。
3. 浓硫酸、硝酸的特性与酸的通性的比较。

三、本章教学时数分配建议

*5.1	非金属元素通论	2课时
5.2	卤素及其化合物	2课时
5.3	氧、硫及其化合物	2课时
*5.4	氮、磷、砷及其化合物	2课时
5.5	碳、硅及其化合物	2课时

Ⅱ 教材分析与教学建议

*5.1 非金属元素通论

学习目标

1. 能够说出非金属元素有多少种，它们主要来自自然界的什么地方。
2. 掌握非金属单质的结构与理化性质。
3. 掌握非金属的氢化物的理化性质递变规律。
4. 掌握非金属的含氧酸的酸性与热稳定性递变规律。

教学重点与难点

重点：

1. 非金属的氢化物的理化性质递变规律。
2. 非金属的含氧酸的酸性与热稳定性递变规律。

难点：

1. 非金属的氢化物的理化性质递变规律。

2. 非金属的含氧酸的酸性与热稳定性递变规律。

教学方法提示

1. 非金属单质的结构与物化性质，可以回忆已经学过的空气中的气体，明确常见非金属单质的分子结构，进而引出理化性质。

2. 非金属的含氧酸的酸性与热稳定性递变规律，通过实验对比，证明不同非金属元素含氧酸酸性与热稳定性的变化规律。

教学流程参考

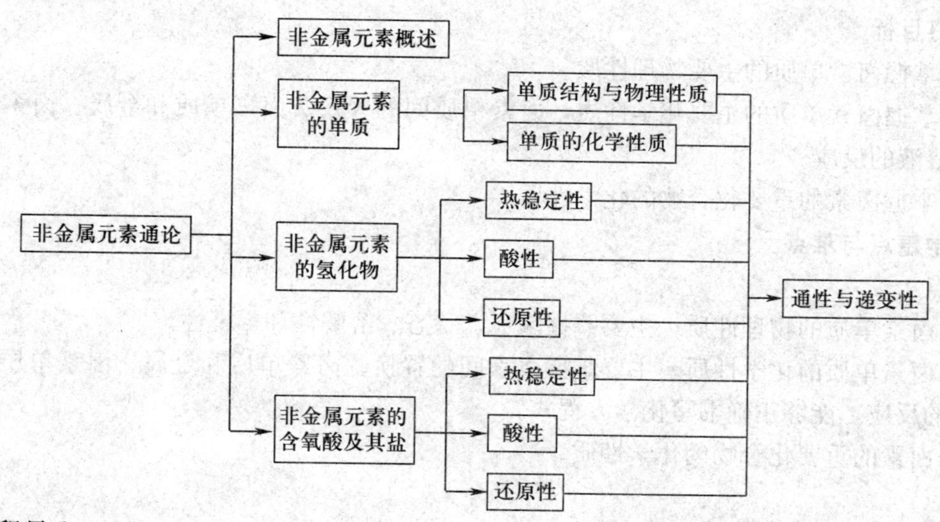

课程导入

非金属元素位于元素周期表的右上方，原子最外层电子数一般较多，原子半径较小，具有较强的得电子能力。在化学反应中，非金属单质一般作为氧化剂，随着最外层电子数和原子半径的变化，它们的氧化性也发生变化，主要表现在反应的难易程度、产物的化合价不同以及产物的稳定性等方面。

知识讲授

1. 已知的非金属元素共 22 种。虽然非金属只占元素总数的 1/5 左右，但是酸、碱、单质及各种氧化物、氢化物，有机化合物中的烷烃、烯烃、炔烃、醇以及醚都与非金属元素有着密切的关系。

2. 非金属的单质大多是由 2 个或多个原子以共价键相结合而成。非金属元素单质容易得电子，形成单原子负离子或多原子负离子，它们在化学性质上也有较大的差别。大多数非金属单质既有氧化性又具有还原性。非金属单质发生的化学反应涉及范围较广。

3. 非金属（除稀有气体外）元素都能形成氢化物，通常情况下呈气体或挥发性的液体。它们的物理性质（如熔点、沸点、凝固点等）随着非金属元素在周期表中所处的位置不同而呈规律性的变化。

4. 同种金属离子与不同酸根所形成的盐，其稳定性与相应的酸的稳定性基本相同。同种含氧酸，其正盐比相应的酸式盐稳定，酸式盐又比相应的含氧酸稳定。同种酸根不同金属离子所组成的盐，其稳定性为：碱金属盐>碱土金属>过渡金属>铵盐。含氧酸盐的氧化还原性比较复杂，这是因为同一种含氧酸盐的氧化还原产物往往有多种，外界条件对其也有很大影响。

例题补充

例 说说非金属的氢化物性质的变化规律。

解：同一周期中，从左到右非金属氢化物的沸点依次递增；同一族中，从上到下沸点依次递增。其中 H_2O、HF、NH_3的沸点比同族的其他氢化物高，这是因为它们的分子之间存在着氢键。

5.2 卤素及其化合物

学习目标

1. 掌握卤素单质的主要物理性质。

2. 掌握卤素单质的主要化学性质，卤素单质间的置换、卤素单质和金属、卤素单质和水或碱溶液的反应。

3. 掌握卤素的重要化合物的化学性质。

教学重点与难点

重点：

1. 卤素单质的物理性质，主要掌握颜色、状态、溶解性和毒害性。

2. 卤素单质的化学性质，主要掌握卤素间的置换、卤素单质和金属、卤素单质和水或碱溶液的反应，能够正确书写化学方程式。

3. 卤素的重要化合物的化学性质。

难点：

1. 卤素单质及其化合物的重要理化性质。

2. 化学反应方程式的正确书写。

教学方法提示

1. 讲授卤素单质的物理性质时可以展示氯气和碘的实物。向学生说明氟单质极难制得，极难存放，剧毒。溴单质极易挥发，有毒，因此不展示，可展示溴水。

2. 卤素的化学性质如果不具有演示实验的条件，在讲授时，注意通过比较反应条件和反应产物得出 Cl_2、Br_2、I_2的氧化性的差异。

3. 氯气的实验室制法可以通过介绍实验装置、气体收集、尾气处理等方面，加深学生对氯气性质的印象。

教学流程参考

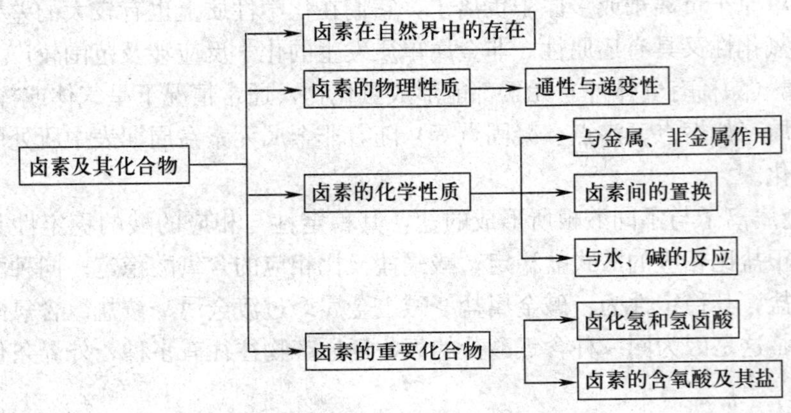

课程导入

考虑到卤素单质及其化合物的性质，如果学校不具备演示实验的条件，可以借助卤素的实验视频引入本节课。通过比较卤素单质的颜色、物质状态的变化，卤素单质与水、氢气反应的剧烈程度，卤化氢、卤素的最高价含氧酸的性质，理解卤素的递变性与差异性。

知识讲授

1. 卤素单质重点介绍物理性质和 Cl_2、Br_2、I_2 的氧化性的变化，F_2 由于性质极为活泼，且单质难以得到，只作一般介绍。

2. 通过卤素单质和金属、氢气、水、碱的反应、卤素之间的置换反应，比较它们的反应条件和现象，以及产物中相应元素的化合价的变化，从而比较出 Cl_2、Br_2、I_2 的氧化性的变化。

3. 卤素单质和水的反应着重介绍氯气和水的反应，强调 HClO 的强氧化性、不稳定性、漂白性和杀菌作用。

4. 卤素单质和碱的反应着重介绍氯气的反应、次氯酸盐的制法，以及多余氯气的处理，比较 Br_2、I_2 与碱反应时的不同产物。

例题补充

例 1 使用漂白粉时，先将漂白粉加入水中，充分搅拌一段时间后就具有了漂白能力，在工业上为了加快反应速率，往往在其中加入适量的盐酸，试用有关的化学知识加以解释。

解：漂白粉的主要成分是 $Ca(ClO)_2$，起漂白作用的是 HClO，HClO 是弱酸，其酸性比碳酸弱，加入水中后搅拌一段时间能使其与空气中的 CO_2 充分接触，发生反应生成 HClO，工业上加入盐酸的目的是增加生成 HClO 的量。反应的方程式如下：

$$Ca(ClO)_2 + CO_2 + H_2O = CaCO_3\downarrow + 2HClO$$

$$Ca(ClO)_2 + 2HCl = CaCl_2 + 2HClO$$

例 2 实验室制取氯气时除了用 MnO_2 外，还可以用 $KMnO_4$ 与盐酸直接反应来制取，试写出有关的化学反应方程式。

解：$2KMnO_4 + 16HCl = 2KCl + 2MnCl_2 + 5Cl_2\uparrow + 8H_2O$

5.3 氧、硫及其化合物

学习目标

1. 掌握氧、臭氧、过氧化氢的理化性质。

2. 掌握硫、硫化氢、氢硫酸、二氧化硫、硫酸的理化性质。

3. 掌握 CO、CO_2 的主要性质，了解碳酸的酸性和碳酸的电离情况。重点掌握碳酸盐和酸式碳酸盐的溶解性、水解性、热稳定性及相互转化。

教学重点与难点

重点：

1. 氧、臭氧、过氧化氢的理化性质。

2. 硫化氢、氢硫酸、二氧化硫、硫酸的理化性质。

难点：

1. 氧、臭氧、过氧化氢的理化性质的识记。

2. 硫化氢、氢硫酸、二氧化硫、硫酸的理化性质的识记。

3. 硫酸根离子的检验。

教学方法提示

1. 讲解过氧化氢的性质时，可以用实验演示过氧化氢分解后产生助燃气体氧气。

2. 讲解硫酸的性质时，说明稀硫酸具有酸的通性，可以进一步复习相关知识。浓硫酸的特性可以通过演示实验来说明。特别要强调的是浓硫酸的稀释方法。

3. 讲解硫酸根离子的检验时，也可以在课堂上演示该实验。

教学流程参考

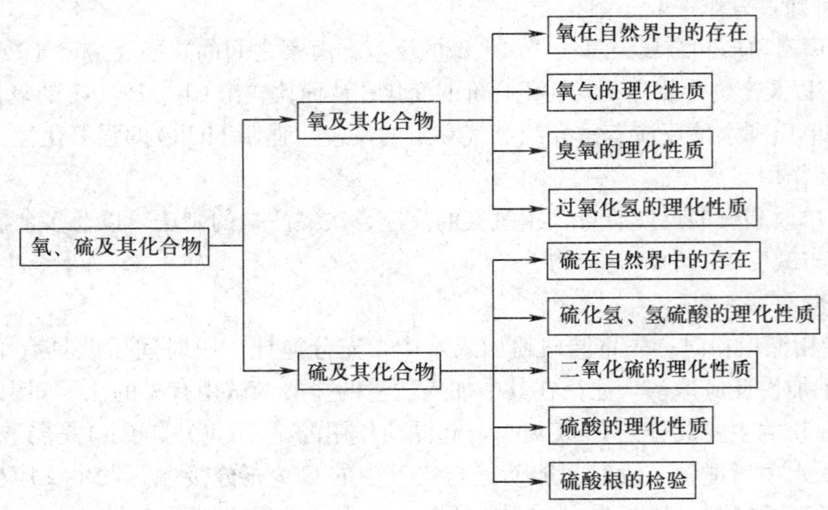

课程导入

演示过氧化氢催化分解产生氧气的实验，先指出氧气、水、过氧化氢之间的转化关系，进而引出本课内容。

知识讲授

1. O_2是无色、无味的气体。常温下在 1 L 水中溶解 49 mL 氧气，这是水中各种生物赖以生存的重要前提。工业上通过液态空气的分离来制取氧气，用电解的方法也可以制得氧气。实验室常利用氯酸钾的热分解制备氧气。

2. 臭氧分子比氧气易溶于水。臭氧非常不稳定，会在常温下缓慢分解。

3. 过氧化氢 H_2O_2俗称双氧水，沸点比水高。H_2O_2与水能以任意比例相混溶，是一种极弱的酸，既有氧化性，又有还原性。过氧化氢的主要用途是作氧化剂，产物为 H_2O，并且不会引入其他杂质。

4. 硫是一种在地壳中分布较广的元素。它在自然界以单质硫及化合态存在。天然硫化合物包括硫化物和硫酸盐两大类。硫的化学性质比较活泼，能与许多金属直接化合生成相应的硫化物，也能与多种非金属单质直接作用生成相应的化合物。

5. 硫化氢（H_2S）是无色、臭鸡蛋味的气体，微溶于水，有毒，吸入后会引起头痛、恶心、眩晕，严重中毒可致死亡，空气中允许最大浓为 0.01 mg/L。实验室中常用硫化亚铁与稀盐酸反应来制备 H_2S。硫化氢具有还原性。

6. 二氧化硫是酸性氧化物，溶于水后能与水化合而生成亚硫酸（H_2SO_3）。亚硫酸不稳定，容易分解生成水和二氧化硫。

7. 硫酸是一种难挥发的强酸，具有酸的通性，易溶于水，能以任意比与水混溶。浓硫酸溶于水时放出大量的热，稀释浓硫酸时必须在不断搅拌的情况下，将浓硫酸缓慢倒入水中。

浓硫酸的吸水性、脱水性和氧化性是它的三大特性。

*5.4 氮、磷、砷及其化合物

学习目标

1. 掌握氮及其重要化合物的理化性质。
2. 掌握磷单质与磷酸的主要理化性质。
3. 认识砷的重要化合物。

教学重点与难点

重点：

硝酸的理化性质。

难点：

硝酸的化学性质。

教学方法提示

1. 讲解氮元素的存在与应用时，可以播放相关教学视频。
2. 讲解硝酸化学性质时，可以进行一些课堂演示实验。
3. 讲解红磷与白磷性质区别的时候，考虑到实验的危险性，可以选择实验视频。

教学流程参考

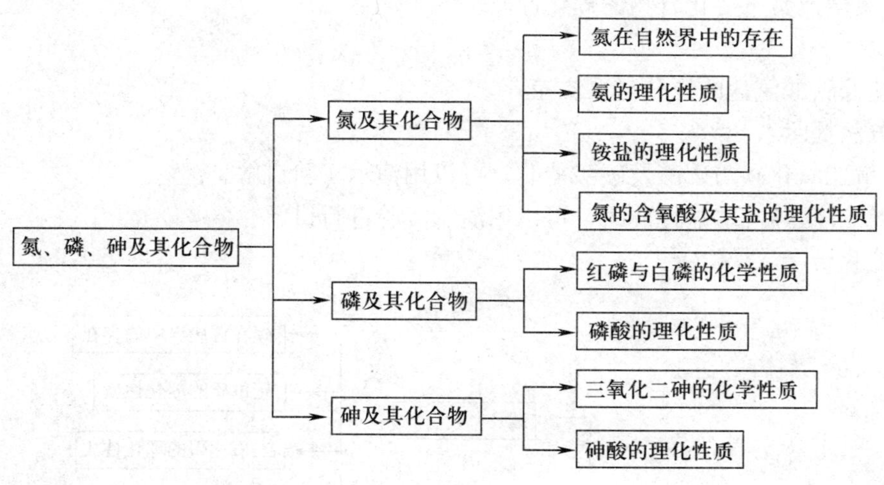

课程导入

展示关于氮元素存在与循环的教学视频。

知识讲授

1. 氮主要以单质存在于大气中，约占空气体积的78%。除了土壤中含有一些铵盐、硝酸盐外，氮很少以无机化合物的形式存在于自然界，而是普遍存在于有机体中。在常温常压下，氮气的化学性质很不活泼，跟大多数物质不反应。

2. 氨在常温下是一种无色有刺激性气味的气体，极易溶于水。其水溶液称为氨水，液氨本身也是一种良好的溶剂。工业上氨是用氮气和氢气在高温高压和催化剂存在下合成的，在实验室常用铵盐和碱共热来制备。

3. 亚硝酸（HNO_2）很不稳定，仅存在于冷的稀溶液中，是较弱的酸。硝酸（HNO_3）是重要的无机酸之一，在工农业生产中有极重要的作用，可通过氨的催化氧化制得。硝酸是无色液体，沸点较低（86 ℃），易挥发，和水可以任意比例互溶，86%以上的硝酸有发烟现象，受热易分解产生 NO_2 而呈黄色，宜在棕色瓶中避光贮存。硝酸是强酸，具有强氧化性，且根据酸的浓度不同，氧化性不同。硝酸盐一般是由硝酸作用于相应金属氧化物而制得，大多数是无色的晶体，易溶于水。

4. 磷有多种同素异形体，常见的有白磷和红磷。磷酸（H_3PO_4）无挥发性、无氧化性、易溶于水，为三元中强酸。

5. 砷的氧化物 As_2O_3，俗称砒霜，是一种剧毒物质。H_3AsO_3 是一种以酸性为主的两性化合物。

5.5 碳、硅及其化合物

学习目标

1. 掌握碳单质及其重要化合物的理化性质。
2. 掌握硅单质及其重要化合物的理化性质。

教学重点与难点

重点：

1. 碳单质及其重要化合物的理化性质。
2. 硅单质及其重要化合物的理化性质。

难点：

碳酸盐及碳酸氢盐的区分与性质差异。

教学方法提示

1. 讲解二氧化碳与碳酸及碳酸盐时，可以用演示实验讲解。
2. 讲解硅酸与硅酸盐性质时，可以用演示实验进行讲解。

教学流程参考

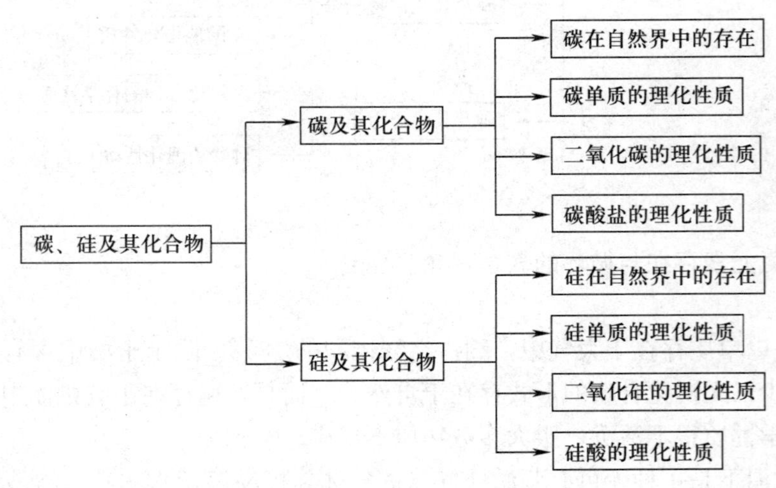

课程导入

二氧化碳与碳酸盐、碳酸氢盐的转化实验。

知识讲授

1. 在自然界以单质状态存在的碳是金刚石和石墨，以化合物形式存在的碳有煤、石油、天然气、碳酸盐、二氧化碳等，动植物体内也含有碳。金刚石和石墨是碳最常见的两种同素异形体。常温下碳不活泼，但加热时可与氢、氧、硫、酸、碱以及其他若干金属化合。碳在空气中加热时生成CO_2并放出大量热，空气不足时生成CO。

2. 二氧化碳是无色、无味和不助燃的气体，比空气重。二氧化碳在常温下不活泼，溶于水可生成碳酸，为二元弱酸。CO_2用作冷冻剂、灭火剂，也是生产小苏打、纯碱和肥料（碳酸氢铵和尿素）的原料，在生产科研中CO_2常用作惰性介质。

3. 硅在地壳中含量仅次于氧，分布很广，主要以二氧化硅和硅酸盐形态存在，高纯的单晶硅是重要的半导体材料。硅在常温下不活泼（与F_2的反应除外），高温下硅的反应活性增强。硅不溶于盐酸、硫酸、硝酸和王水，但可与氢氟酸缓慢作用。

4. 硅的常见氧化物是二氧化硅（SiO_2）。SiO_2的化学性质很不活泼，氢氟酸是唯一可以使其溶解的酸，SiO_2不溶于水，但与碱共熔转化为硅酸盐，与Na_2CO_3共熔也得到硅酸盐。

5. 可溶性硅酸盐与酸作用生成硅酸，硅酸不溶于水，有多种组成，习惯上把H_2SiO_3称为硅酸。硅酸是二元弱酸，其酸性比碳酸弱得多。

Ⅲ　课后练习与习题册答案

课后练习答案

*5.1　非金属元素通论

1. 22　1/5左右
2. 减弱　增强　增强
3. 高氯酸

5.2　卤素及其化合物

1. （1）ⅦA　F　Cl　Br　I　At　7　非金属　F

（2）黄绿　很活泼

（3）$2Cl_2+2Ca(OH)_2 = CaCl_2+Ca(ClO)_2+2H_2O$　$Ca(ClO)_2$

2. （1）A　（2）B　（3）A　（4）C

3. X：H　Y：O　Z：Cl　HCl　H_2O

4. 解：设制得氯气x克。

$$MnO_2+4HCl（浓）= MnCl_2+Cl_2\uparrow+2H_2O$$

87 g　　　　　　　　71 g

200 g×0.87　　　　　x g

$$x=\frac{200\times0.87\times71}{87}=142\ g$$

5.3 氧、硫及其化合物

1. D
2. C
3. B
4. 硫化氢中-2价的S有很强的还原性，会被空气中的O_2缓慢氧化而生成硫单质，故硫化氢的水溶液在空气中放置一段时间会出现浑浊现象。

*5.4 氮、磷、砷及其化合物

1. 强氧化 NO_2 NO H_2 铁 铝 差 分解 NO_2 黄
2. D

5.5 碳、硅及其化合物

1. A
2. C

习题册答案

一、填空题

1. 黄绿色 有窒息性刺激 毒 NaOH $Cl_2+2NaOH = NaCl+NaClO+H_2O$
2. 棕黄色 $CuCl_2$ 白色 PCl_5(固) PCl_3(液)
3. O_2 Cl_2
4. 黄绿色 氯单质 白色沉淀 Cl^- HClO

(1) $Cl_2+H_2O \rightleftharpoons HCl+HClO$

(2) $HCl = H^++Cl^-$

(3) $HClO \rightleftharpoons H^++ClO^-$

5. 干燥的有色布条不褪色，潮湿的有色布条褪色 $Ca(ClO)_2$ C
6. (1) H O Cl (2) HCl H_2O

(3) ①$H_2+Cl_2 \xlongequal{点燃} 2HCl$ ②$2H_2+O_2 \xlongequal{点燃} 2H_2O$ ③$Cl_2+H_2O \rightleftharpoons HCl+HClO$

7. 红棕色 刺激性臭 挥发 大 液 紫黑 固 升华 小 汽油 四氯化碳
8. KCl $Cl_2+2KBr = 2KCl+Br_2$ $Cl_2+2KI = 2KCl+I_2$
9. 食盐 Br^- Br_2 热空气 液态溴
10. 海带、紫菜 海洋植物 (1) 放在坩埚中灼烧 (2) 加水溶解 过滤 (3) 氯水 (4) 萃取 分离
11. NaBr KBr AgBr AgI
12. 铁和铜 $FeCl_2$
13. 氧化漂白 还原性 $PbS+4H_2O_2 = PbSO_4+4H_2O$
14. (1) 氢气燃烧时放出大量的热，温度很高，H_2O_2会发生分解

(2) 排除冰中含有H_2O_2的可能

(3) 直接将含有0.1 mol/L碘化钾淀粉溶液冻成冰使用

(4) 不能 生成的H_2O_2量很少，难以使酚酞退色

15. 无　臭鸡蛋　有　氢硫酸　浅蓝　二氧化硫　$2H_2S+3O_2 \xlongequal{点燃} 2SO_2+2H_2O$　黄　硫　$2H_2S+O_2 \xlongequal{\triangle} 2H_2O+2S\downarrow$

16. 无　液　OH^-　NH_4^+　碱

17. 吸水　脱水　氧化　钝化

18. 差　分解　黄　NO_2　没有　棕色　冷　暗

19. 碳酸　弱　正　酸式　转化

20. 可燃　还原　毒　燃料　还原

二、选择题

1. C　2. C　3. D　4. B　5. B　6. B　7. B　8. A　9. A　10. D　11. C　12. (1) D　(2) C　13. C　14. B　15. D　16. C　17. B　18. C　19. B　20. C　21. B　22. A　23. B　24. B　25. D　26. C　27. D　28. D　29. B　30. A　31. C

三、判断题

1. √　2. √　3. ×　4. ×　5. ×　6. √　7. ×　8. √　9. ×　10. ×　11. ×　12. √　13. √　14. √

四、问答题

1. (1) $3Cl_2+2Fe \xlongequal{点燃} 2FeCl_3$

$3Br_2+2Fe \xlongequal{\triangle} 2FeBr_3$

$I_2+Fe \xlongequal{\triangle} FeI_2$

(2) $3Cl_2+2P \xlongequal{点燃} 2PCl_3$　　$PCl_3+Cl_2 \xlongequal{\triangle} PCl_5$

$3Br_2+2P \xlongequal{点燃} 2PBr_3$　　$PBr_3+Br_2 \xlongequal{\triangle} PBr_5$

$3I_2+2P \xlongequal{\triangle} 2PI_3$

(3) $Cl_2+2KI = 2KCl+I_2$

$Br_2+2KI = 2KBr+I_2$

(4) $Cl_2+2NaOH = NaCl+NaClO+H_2O$

$Br_2+2NaOH = NaBr+NaBrO+H_2O$

$3I_2+6NaOH = 5NaI+NaIO_3+3H_2O$

(5) $MnO_2+4HCl(浓) \xlongequal{\triangle} MnCl_2+Cl_2\uparrow+2H_2O$

$FeS+H_2SO_4(稀) = FeSO_4+H_2S\uparrow$

$NH_4Cl+NaOH \xlongequal{\triangle} NaCl+NH_3\uparrow+H_2O$

$CaCO_3+2HCl = CaCl_2+CO_2\uparrow+H_2O$

(6) $2NH_3+SO_2+H_2O = (NH_4)_2SO_3$

$(NH_4)_2SO_3+SO_2+H_2O = 2NH_4HSO_3$

$2NH_4HSO_3+H_2SO_4 = (NH_4)_2SO_4+2SO_2\uparrow+2H_2O$

$NO+NO_2+2NaOH = 2NaNO_2+H_2O$

2.

A	B	C	答案		
a. H^+ b. Cl^- c. Cl_2 d. HClO	①将氯水滴入还原性氢硫酸中 ②将氯水滴入有机色素品红液中 ③在氯水中滴加紫色石蕊试液 ④在氯水中滴加 $AgNO_3$ 溶液 ⑤将湿润的淀粉 KI 试纸置于氯水试剂瓶口上方	Ⅰ. 有白色沉淀生成 Ⅱ. 有淡黄色沉淀生成 Ⅲ. 试纸由白色变成蓝色 Ⅳ. 品红由红色变成无色 Ⅴ. 滴入瞬间溶液显红色随即又褪去	a	③	Ⅴ
			b	④	Ⅰ
			c	⑤	Ⅲ
			d	②	Ⅳ

3. (1) A—E—F—C—D—B—G

(2) 吸收挥发的 HCl 气体　吸收多余的氯气　潮湿的红色布条褪色　CCl_4 溶液中出现紫红色

4. 方法一：各取少量溶液，分别滴加氯水，再加 CCl_4，振荡后观察，如果 CCl_4 层为紫红色，原溶液为 KI；如果 CCl_4 层为橘红色，原溶液为 NaBr；如果 CCl_4 层为无色，原溶液为 NaCl。相关反应化学方程式为：

$$Cl_2 + 2NaBr = 2NaCl + Br_2 \quad Cl_2 + 2KI = 2KCl + I_2$$

方法二：各取少量溶液，分别滴加硝酸银溶液，再加稀硝酸，出现白色沉淀的是 NaCl 溶液，出现浅黄色沉淀的是 NaBr 溶液，出现黄色沉淀的是 KI 溶液。

$$NaCl + AgNO_3 = AgCl\downarrow + NaNO_3$$

$$NaBr + AgNO_3 = AgBr\downarrow + NaNO_3$$

$$KI + AgNO_3 = AgI\downarrow + KNO_3$$

5. A 为 NH_4Cl，B 为 NH_3，C 为 HCl，D 为 NH_4Cl。

$$NH_4Cl + NaOH \xlongequal{\triangle} NaCl + NH_3\uparrow + H_2O$$

$$NH_4Cl + H_2SO_4(浓) \xlongequal{\triangle} NaHSO_4 + HCl\uparrow$$

$$NH_3 + HCl = NH_4Cl$$

6. 硫化氢具有还原性，其水溶液在空气中会被氧气氧化，生成不溶于水的单质硫。反应化学方程式为：

$$2H_2S + O_2 = 2H_2O + 2S\downarrow$$

7. A 为 Na_2S，B 为 H_2S，C 为 S，D 为 SO_2，E 为 Ag_2S。

8. 这是因为雷雨时，闪电会使空气中 N_2 和 O_2 发生反应生成 NO，NO 被氧化生成 NO_2，进而得到硝酸，随降雨进入土壤，使土壤中氮含量增加，所以植物很茂盛。相关反应化学方程式为：

$$N_2 + O_2 \xlongequal{闪电或火花} 2NO$$

$$2NO + O_2 = 2NO_2$$

$$3NO_2 + H_2O = 2HNO_3 + NO\uparrow$$

9. 方法一：取四种白色固体各少许，加水振荡，不溶解的为 $CaCO_3$，向剩下的三种溶液中加入 $Ba(OH)_2$，微热，用红色的石蕊在试管口检验，有白色沉淀生成且放出的气体能使湿润的石蕊试纸变蓝的是 $(NH_4)_2SO_4$，只放出气体且能使湿润的石蕊试纸变蓝的是

NH_4Cl,无现象的是 $NaNO_3$。

方法二：取四种白色固体各少许，加盐酸，有气体放出的为 $CaCO_3$，再将剩下的三种固体溶于水进行分析。如不用 $Ba(OH)_2$，可以用 $BaCl_2$ 检验 $(NH_4)_2SO_4$，用 $AgNO_3$ 检验 NH_4Cl。

$$(NH_4)_2SO_4+Ba(OH)_2 \xlongequal{\triangle} BaSO_4\downarrow+2NH_3\uparrow+2H_2O$$

$$2NH_4Cl+Ba(OH)_2 \xlongequal{\triangle} BaCl_2+2NH_3\uparrow+2H_2O$$

$$CaCO_3+2HCl \xlongequal{} CaCl_2+CO_2\uparrow+H_2O$$

$$BaCl_2+(NH_4)_2SO_4 \xlongequal{} BaSO_4\downarrow+2NH_4Cl$$

$$NH_4Cl+AgNO_3 \xlongequal{} AgCl\downarrow+NH_4NO_3$$

10. (1) 甲：C　乙：HNO_3(浓)　丙：Cu

A：CO_2、NO_2　B：$CaCO_3$　C：NO　D：$Cu(NO_3)_2$

(2) $C+4HNO_3(浓) \xlongequal{\triangle} CO_2\uparrow+4NO_2\uparrow+2H_2O$

(3) ①$3NO_2+H_2O \xlongequal{} 2HNO_3+NO\uparrow$

②$CO_2+Ca(OH)_2 \xlongequal{} CaCO_3\downarrow+H_2O$

③$3Cu+8HNO_3(稀) \xlongequal{} 3Cu(NO_3)_2+2NO\uparrow+4H_2O$

11. 这是由于 $Ca(OH)_2$ 与空气中的 CO_2 反应生成不溶于水的 $CaCO_3$，可以用稀盐酸清洗。相关反应化学方程式为：

$$CaCO_3+2HCl \xlongequal{} CaCl_2+CO_2\uparrow+H_2O$$

五、计算题

1. 解：设制得氯气 x 克。

$$MnO_2+4HCl(浓) \xlongequal{\triangle} MnCl_2+Cl_2\uparrow+2H_2O$$

87 g　　　　　　　　71 g

150 g×0.78　　　　　x g

$$x=\frac{150\times0.78\times71}{87}\approx95.5\ g$$

2. 解：设生成 HCl 气体 x 升。

$$H_2 + Cl_2 \xlongequal{点燃} 2HCl$$

22.4 L　22.4 L　44.8 L

11.2 L　11.2 L　x L

由反应关系式可以看出，H_2 和 Cl_2 完全反应，可以生成 22.4 L 的 HCl，即 1 mol HCl。

$$m_{HCl}=n\cdot M=1\times36.5=36.5\ g$$

$$m=m_{HCl}+m_{H_2O}=36.5+328.5=365\ g$$

$$V=\frac{m}{\rho}=\frac{365}{1.047}\approx348.6\ mL=0.3486\ L$$

$$c=\frac{n}{V}=\frac{1}{0.3486}\approx2.87\ mol/L$$

3. 解：$BaSO_4$ 的物质的量为：　$n_{BaSO_4}=\frac{m_{BaSO_4}}{M_{BaSO_4}}=\frac{4.66}{233}=0.02\ mol$

$BaCO_3$的物质的量为：　$n_{BaCO_3}=\frac{m_{BaCO_3}}{M_{BaCO_3}}=\frac{9.85}{197}=0.05\ mol$

设生成 $BaSO_4$ x mol，原有 Na_2SO_4 y mol，放出气体 CO_2 z L。

$$Na_2CO_3+BaCl_2 = BaCO_3\downarrow+2NaCl$$

1 mol　　　　1 mol

x mol　　　　0.05 mol

解得 $x=0.05$ mol

$$Na_2SO_4+BaCl_2 = BaSO_4\downarrow+2NaCl$$

1 mol　　　　1 mol

y mol　　　　0.02 mol

解得 $y=0.02$ mol

$$BaCO_3+2HNO_3(稀) = Ba(NO_3)_2+CO_2\uparrow+H_2O$$

1 mol　　　　22.4 L

0.05 mol　　　　z L

解得 $z=1.12$ L

$$c_{Na_2CO_3}=\frac{n_{Na_2CO_3}}{V}=\frac{0.05}{0.05}=1\ mol/L$$

$$c_{Na_2SO_4}=\frac{n_{Na_2SO_4}}{V}=\frac{0.02}{0.05}=0.4\ mol/L$$

4. 解：设有 Na_2CO_3 x 克，生成 CO_2 y 升。

$$Na_2CO_3+2HCl = 2NaCl+CO_2\uparrow+H_2O$$

106 g　　　　22.4 L

x g　　　　y L

$$NaHCO_3+HCl = NaCl+CO_2\uparrow+H_2O$$

84 g　　　　22.4 L

$(9.5-x)$ g　　　　$(2.24-y)$ L

$$\begin{cases}106y=22.4x\\84(2.24-y)=22.4(9.5-x)\end{cases}$$

解得 $x=5.3$ g，$y=1.12$ L，即混合物中 Na_2CO_3 为 5.3 g，$NaHCO_3$ 为 4.2 g。

第六章 重要的金属及其化合物

Ⅰ 概 述

一、教学目标和要求

1. 了解金属的共性及与金属键的关系，掌握金属活动顺序，并用金属活动顺序解释金属之间的置换反应，了解金属的冶炼和金属活动性之间的关系。

2. 能够说出钠、钾单质及化合物的通性与变化规律，知道什么是焰色反应。

3. 能够说出镁、钙、钡单质及其重要化合物的主要理化性质。

4. 能够说出铝、铜、银、锌、汞单质及其重要化合物的主要理化性质。

5. 能够说出锰、铬、铁、锡、铅单质及其重要化合物的主要理化性质。

二、内容安排说明

本章知识结构：

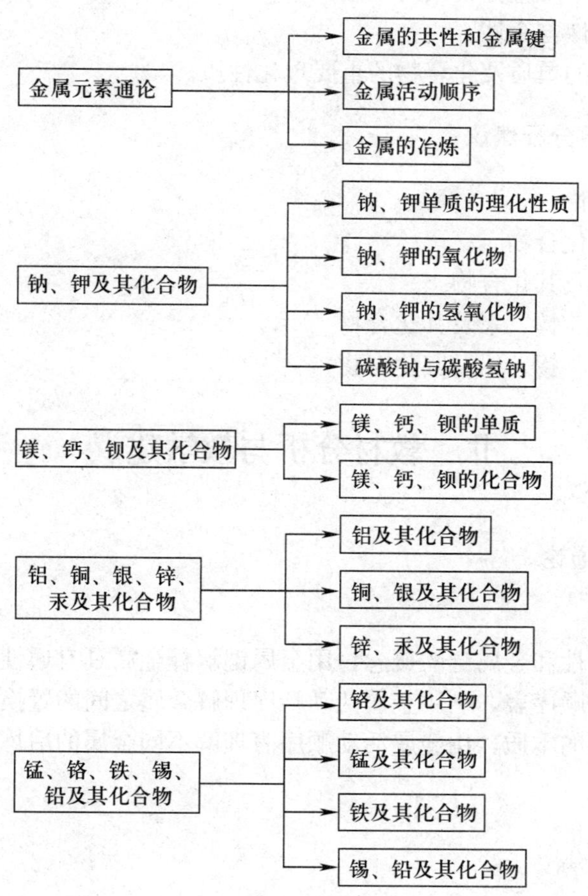

金属单质的主要化学性质是和氧气、氯气、硫等非金属反应，以及和水、稀酸等反应，在反应中根据金属活泼性的不同，反应的难易程度和产物的种类也不同。金属的活泼性越强，相对应的碱的碱性越强。常见金属的一些高价化合物具有较强的氧化性，而一些低价化合物则具有还原性。

本章内容可以分为五部分：第一部分介绍金属的通性，重点内容是金属元素在自然界的存在与单质提取方法；第二部分介绍钠、钾两种元素的单质和化合物的通性与变化规律，以及焰色反应；第三部分介绍镁、钙、钡单质及其重要化合物的主要理化性质；第四部分介绍的是铝、铜、银、锌、汞单质及其重要化合物的主要理化性质；第五部分介绍锰、铬、铁、锡、铅单质及其重要化合物的主要理化性质。学习本章，可以对金属的金属性、对应碱的碱性等有较全面的认识。

本章教学重点：

1. 金属的共性及与金属键的关系，掌握金属活动顺序，并用金属活动顺序解释金属之间的置换反应，了解金属的冶炼和金属活动性之间的关系。
2. 钠、钾单质及化合物的通性与变化规律，知道什么是焰色反应。
3. 镁、钙、钡单质及其重要化合物的主要理化性质。
4. 铝、铜、银、锌、汞单质及其重要化合物的主要理化性质。
5. 锰、铬、铁、锡、铅单质及其重要化合物的主要理化性质。

本章教学难点：

1. 金属有关的化学反应方程式的识记。
2. 金属元素的通性与个性。
3. 常见金属元素的单质及化合物的重要理化性质。

三、本章教学时数分配建议

*6.1	金属元素通论	2课时
6.2	钠、钾及其化合物	2课时
6.3	镁、钙、钡及其化合物	2课时
6.4	铝、铜、银、锌、汞及其化合物	2课时
*6.5	铬、锰、铁、锡、铅及其化合物	2课时

Ⅱ　教材分析与教学建议

*6.1　金属元素通论

学习目标

1. 了解金属的通性和金属键的概念，用金属键解释金属具有通性的原因。
2. 掌握金属活动顺序表，利用金属活动顺序理解金属之间的置换反应。
3. 了解金属冶炼的本质，用金属活动顺序表理解不同金属的冶炼方法。

教学重点与难点

重点：

1. 金属活动顺序表。

2. 金属的冶炼。

难点：

1. 对金属键的理解。

2. 金属活动顺序表的应用。

教学方法提示

1. 金属键的形成是由于自由电子在金属原子和金属阳离子之间自由运动，金属原子和金属阳离子就像浸泡在自由电子的海洋中。因此，只要金属连续存在，自由电子就无处不在。

2. 金属活动顺序表是根据金属元素失去电子的能力制得的，排在前面的金属容易失去电子，排在后面的金属的离子容易得到电子而被排在前面的金属置换。

3. 金属的冶炼是金属失去电子的逆过程，因此越容易失去电子的金属越难以冶炼，而越难以失去电子的金属越易于冶炼。

教学流程参考

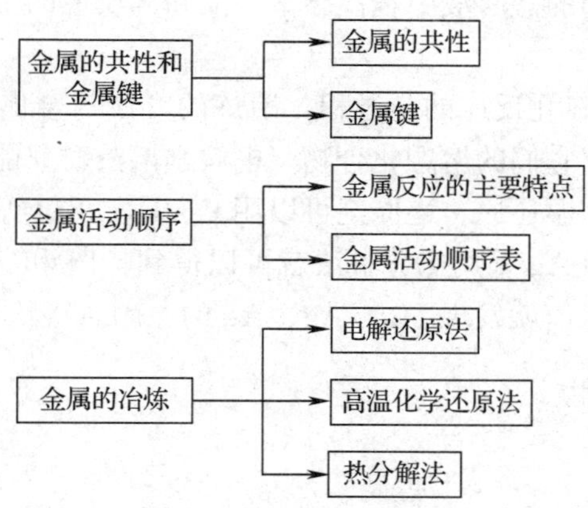

课程导入

金属元素原子最外层电子数一般较少，很容易失去电子而成为阳离子。在金属内部，脱落下来的电子不专属于某一个阳离子，它们可以自由移动，因此称为“自由电子”。自由电子将金属原子和金属阳离子结合在一起，形成一种特殊的化学键——金属键。金属键的存在使得金属具有很多相同的性质，称之为金属的通性。

知识讲授

1. 金属键可以存在于金属的单质中，也可以存在于合金中。金属原子失去电子和金属阳离子得到电子这两个过程在不停地进行，形成一种化学平衡，也称为氧化还原平衡：金属原子$-ne^{-}\rightleftharpoons$金属阳离子。

金属的光泽是由于自由电子的移动需要能量，在可见光的照射下，接受了一定波长的光的能量后，将其他波长的光反射出去，呈现的光的颜色是它吸收光的互补光的颜色。但由于自由电子需要的能量很小，对一定波长的光只有少量的吸收，所以大多数金属都是银白色的，只有少数金属呈现特殊的颜色。自由电子是流动的，金属的光泽具有流动性。

金属的延展性是由于金属原子和金属阳离子就像浸泡在自由电子的海洋中，只要金属连续存在，自由电子就无处不在，它能将金属原子和金属阳离子牢固地结合在一起，因此金属可以展开成薄膜，可以拉成细丝（少数金属的延展性较差，如锌）。

金属的导热性是由于自由电子的无序运动，将热量传递给金属原子和金属阳离子，并向整个金属内部扩散开；金属的导电性是由于自由电子在外电场的作用下，在整个金属导线内部同时定向移动，因此导电速度很快。注意，不是电子直线移动的速度有这么快。

2. 主族金属元素的金属性符合元素周期律，而副族元素金属性比较复杂。根据金属元素的化学性质，列出一个金属活动顺序表，以氢元素作为分界，电解它们的溶液时，如果阴极上析出的是氢气，这些金属为活泼金属（排在Al以前的金属），如果能够和稀酸反应置换出氢气，这些金属为较活泼的金属（排在氢之前），如果和稀酸反应不能够置换出氢气，则为不活泼金属（排在氢之后）。不活泼金属中能够和硝酸反应的为比较不活泼金属（Cu、Hg、Ag），不能够和硝酸反应的为非常不活泼的金属（如 Pt、Au），也称为贵重金属。

金属活动顺序表中，排在氢之前的金属能够和水或稀酸反应置换出氢气，排在前面的金属能够将后面的金属从它们的盐溶液中置换出来（能和水反应的活泼金属一般不考虑金属之间的置换）。

3. 金属的冶炼是金属氧化反应的逆过程，冶炼的方法与金属的活泼性有关。活泼金属一般采用电解还原法，电解它们的熔融化合物（电解水溶液时只能得到氢气）。活泼性在 Cu 之前的金属一般用还原剂高温还原，还原剂可以用 C、H_2、CO 等，熔点较高的金属可采用活泼金属还原法。而 Hg 和 Ag 采用热分解法就可以得到，Pt 和 Au 以单质的形式存在于自然界中，这也是人类很早以前就发现 Hg、Ag、Au 的原因。

6.2 钠、钾及其化合物

学习目标

1. 掌握钠与钾在元素周期表的位置，它们单质的物理性质与化学性质。
2. 掌握钠、钾的氧化物、氢氧化物的主要理化性质。
3. 掌握碳酸钠和碳酸氢钠的主要理化性质。
4. 了解焰色反应。

教学重点与难点

重点：

1. 钠、钾在元素周期表中的位置。
2. 钠、钾单质与其重要化合物的理化性质。

难点：

钠、钾单质与其重要化合物的理化性质。

教学方法提示

1. 结合元素周期表和元素周期律，介绍钠、钾同作为碱金属的相似性，然后对比它们的区别。

2. 讲解钠、钾氧化物和氢氧化物时，如果不方便在教室里现场演示，可以播放实验视频。

3. 讲解焰色反应的时，可以播放烟火表演的视频或课堂演示实验。

教学流程参考

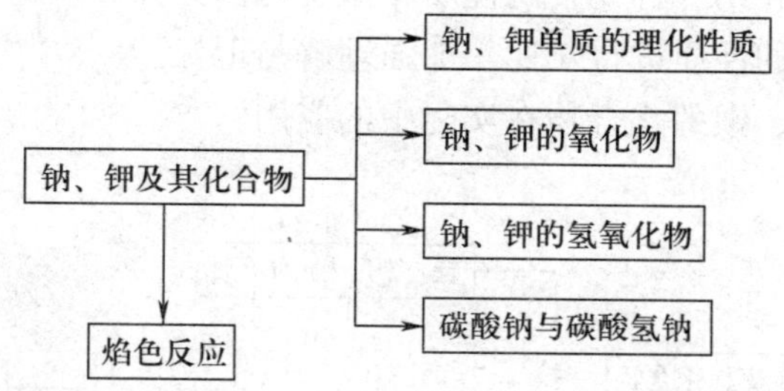

课程导入

从回顾元素周期律开始，引出同族元素之间的相似性与递变性，进而对钠和钾两种元素的性质进行对比学习。

知识讲授

1. 钠和钾位于元素周期表的ⅠA族，钠和钾的氢氧化物是典型的“碱”。它们物理性质的主要特点是：轻、软、低熔点。钠和钾是活泼的金属元素，在常温下能迅速同空气、水等反应，因此需将它们储存在煤油中。钾的沸点比钠的沸点低，钾比钠更容易气化。

2. 钠和钾在过量空气中燃烧，可以生成三种类型的氧化物：普通氧化物 Na_2O、K_2O，过氧化物 Na_2O_2、K_2O_2，超氧化物 NaO_2、KO_2。Na_2O_2 最有实用意义。

3. NaOH 和 KOH 都是白色固体，在空气中吸水潮解，所以固体 NaOH 是常用的干燥剂。NaOH 和 KOH 对纤维和皮肤有强烈的腐蚀作用，故被称为苛性碱。

4. 碳酸钠（Na_2CO_3）俗名纯碱或苏打，是白色粉末。碳酸钠晶体含结晶水，化学式 $Na_2CO_3 \cdot 10H_2O$。在空气里碳酸钠晶体很容易失去结晶水，并渐渐碎裂成粉末。失水以后的碳酸钠叫做无水碳酸钠。碳酸氢钠（$NaHCO_3$）俗称小苏打，是一种细小的白色晶体。碳酸钠比碳酸氢钠容易溶解于水。

5. 很多金属，如锂、钾、钙、锶、钡、铜等以及它们的化合物在被灼烧时，都会使火焰呈现特殊的颜色，这在化学上叫作焰色反应。

6.3 镁、钙、钡及其化合物

学习目标

1. 掌握镁、钙、钡在元素周期表中的位置，它们的天然存在情况、单质的物理性质与化学性质。

2. 掌握镁、钙、钡的氧化物、氢氧化物与盐的理化性质。

教学重点与难点

重点：

1. 镁、钙、钡单质的物理性质与化学性质。
2. 镁、钙、钡的氧化物、氢氧化物与盐的理化性质。

难点：

1. 镁、钙、钡的氧化物、氢氧化物与盐的理化性质的识记。
2. 重要化学式与化学反应方程式的书写。

教学方法提示

1. 通过实验对比，介绍三种元素的性质相似性与差异性。
2. 与碱金属钠、钾的性质进行对比，加强理解与记忆。
3. 简单介绍镁、钙、钡的化合物在实际中的应用。

教学流程参考

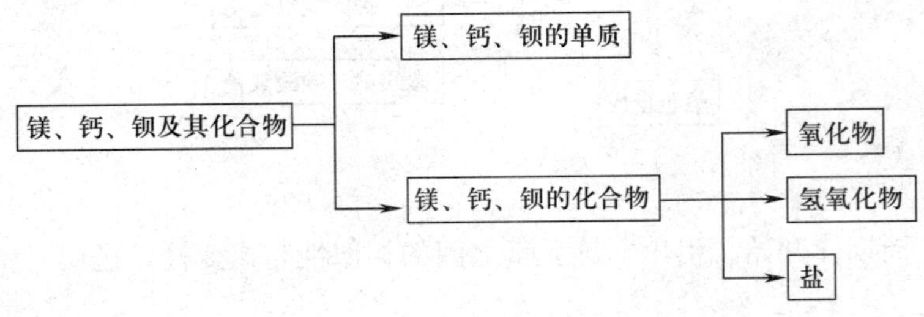

课程导入

元素周期表ⅡA族的元素称为碱土金属元素。本节介绍碱土金属中的镁、钙、钡的单质和重要化合物的性质。

知识讲授

1. 镁（Mg）、钙（Ca）、钡（Ba）是元素周期表中ⅡA族的元素，容易失去外层的电子而显强金属性，化学性质活泼，在自然界中不可能以单质存在，通常这些元素以难溶的碳酸盐存在，镁、钙、钡的单质是活泼的金属，它们都能与大多数非金属反应，如它们极易在空气中燃烧，与卤素、硫、磷、氮和氢等直接作用形成相应的化合物。

2. 镁、钙、钡与氧能形成正常氧化物、过氧化物、超氧化物，但却不能形成臭氧化物。镁、钙、钡金属的氢氧化物都是白色固体，在空气中易吸水而潮解，故固体 $Ca(OH)_2$ 常用作干燥剂。氢氧化镁是中强碱，而氢氧化钙、氢氧化钡是强碱。

3. 镁、钙、钡金属的盐的溶解度小，而且不少是难溶的，例如，镁、钙、钡金属的氟化物、碳酸盐、磷酸盐以及铬酸盐等都是难溶盐。钙盐中以 CaC_2O_4 的溶解度为最小，$BaSO_4$ 和 $BaCrO_4$ 是难溶于水的，$BaSO_4$ 甚至不溶于酸，因此可以用 Ba^{2+} 来鉴定 SO_4^{2-}. 而 Ba^{2+} 的鉴定则常利用生成黄色 $BaCrO_4$ 沉淀的反应。

6.4 铝、铜、银、锌、汞及其化合物

学习目标

1. 掌握铝及其重要化合物的主要理化性质。
2. 掌握铜、银及其重要化合物的主要理化性质。
3. 掌握锌、汞及其重要化合物的主要理化性质。

教学重点与难点

重点：

1. 铝的重要化学性质。
2. 铜、银的重要化学性质。
3. 锌、汞的重要化学性质。

难点：

1. 铝是两性金属，铝离子与偏铝酸根的转化。

2. 铜与稀硝酸、浓硝酸反应结果的不同。

3. 卤化银的沉淀转化。

4. 有关化学式与化学反应方式的识记。

教学方法提示

1. 铝、铜、银的化合物的转化可以用实验展示出来。

2. 其他不便于课堂上展示的实验，可以播放相关教学视频。

3. 可设计课堂活动方便学生记忆化合物与方程式。

教学流程参考

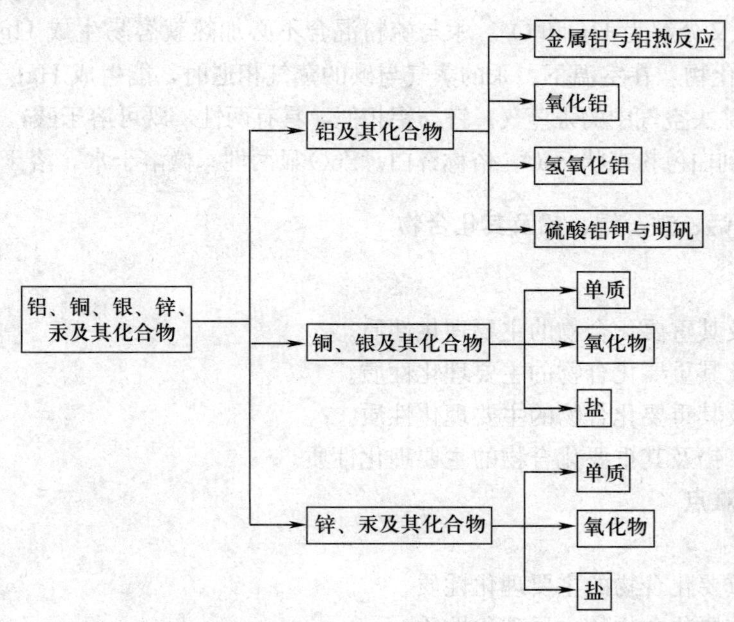

课程导入

演示铝金属具有两性的实验，引起学生的学习兴趣。然后逐一讲解本节的五种金属元素及其化合物。

知识讲授

1. 铝是地壳中分布最广的白色轻金属元素，在空气中会由于表面形成很薄的氧化物膜而失去光泽。纯金属铝质轻、强度低，具有很好的导电性。常温下，在浓硫酸或浓硝酸里铝的表面被钝化，生成坚固的氧化膜，可以阻止反应的继续进行。铝能将大多数金属氧化物还原为单质。当把某些金属的氧化物和铝粉的混合物灼烧时，会发生还原金属氧化物的剧烈反应，得到相应的金属单质，并放出大量的热，此反应称为铝热反应。氧化铝既能溶于酸，又能溶于碱溶液，是典型的两性氧化物。氢氧化铝是几乎不溶于水的白色胶状物质，在酸或强碱的溶液里都能溶解。它能凝聚水中悬浮物，又有吸附色素的性能。十二水合硫酸铝钾[$KAl(SO_4)_2 \cdot 12H_2O$]的俗名是明矾，常用作净水剂。

2. 在常温下，铜、银都是晶体，它们的硬度较小，熔、沸点较高，它们的延展性、导电性和导热性比较突出。铜、银的活泼性较差，室温下看不出它们与氧或水反应。由于铜、银的活动顺序位于氢之后，它们不能从稀酸中置换出氢气。铜、银能溶于硝酸中，也能溶于热的硫酸中。铜通常有 Cu^{+}、Cu^{2+} 的化合物，Cu^{2+} 化合物更为常见。无水 $CuSO_4$ 为白色粉末，易溶于水，吸水性强，吸水后显示特征的蓝色。通常利用这一性质检验乙醇或乙醚中是否含水，并除去微量水。在银的化合物中，除 $AgNO_3$、AgF、$AgClO_4$ 易溶，Ag_2SO_4 微溶外，其他银盐大都难溶于水，这是银盐的一个重要特点。卤化银中只有 AgF 易溶于水，其余的卤化银均难溶于水。

3. 锌、汞都是银白色金属，质软，汞是常温下唯一的液体金属。锌、镉、铜、银、金、钠、钾等金属易溶于汞中形成合金，称为汞齐。汞齐中的其他金属仍保留着这些金属原有的性质。一般来说，锌、汞在干燥的空气中化学性质稳定。在有 CO_2 存在的潮湿空气中，锌的表面常生成一层保护锌不被继续氧化的薄膜。锌在空气中加热到足够高的温度时能燃烧起来，产生蓝色的火焰，生成 ZnO。在空气中加热汞时能生成红色的 HgO，当温度超过 400 ℃时，HgO 又分解为 Hg 和 O_2。汞与硫粉混合不必加热就容易生成 HgS。锌与硫粉在加热时才生成硫化物。在室温下，汞的蒸气与碘的蒸气相遇时，能生成 HgI_2，因此可以把碘升华为气体，以除去空气中的汞蒸气。锌与铝相似，具有两性，既可溶于酸，也可溶于碱。锌与氧直接化合得到白色粉末状 ZnO，俗称锌白。ZnO 显两性，微溶于水，溶于酸、碱。

*6.5 铬、锰、铁、锡、铅及其化合物

学习目标

1. 掌握锰及其重要化合物的主要理化性质。
2. 掌握铬及其重要化合物的主要理化性质。
3. 掌握铁及其重要化合物的主要理化性质。
4. 掌握锡、铅及其重要化合物的主要理化性质。

教学重点与难点

重点：

1. 锰及其重要化合物的主要理化性质。
2. 铬及其重要化合物的主要理化性质。
3. 铁及其重要化合物的主要理化性质。
4. 锡、铅及其重要化合物的主要理化性质。

难点：

1. 变价金属不同价态的性质差异。
2. 有关化学式与化学反应方程式的识记。

教学方法提示

通过实验视频展示本节课要介绍的几种金属元素及其化合物的性质与化学反应。

教学流程参考

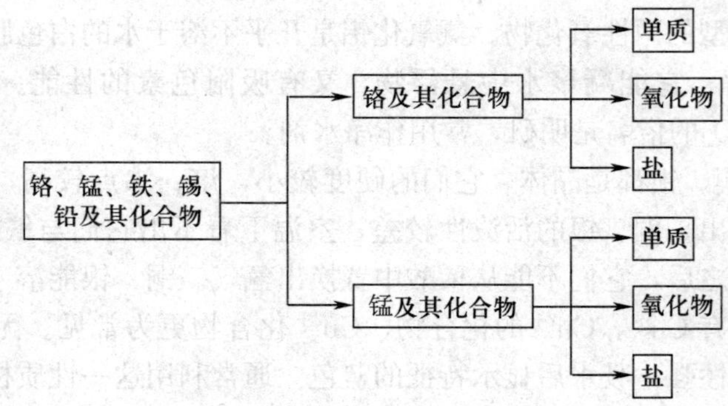

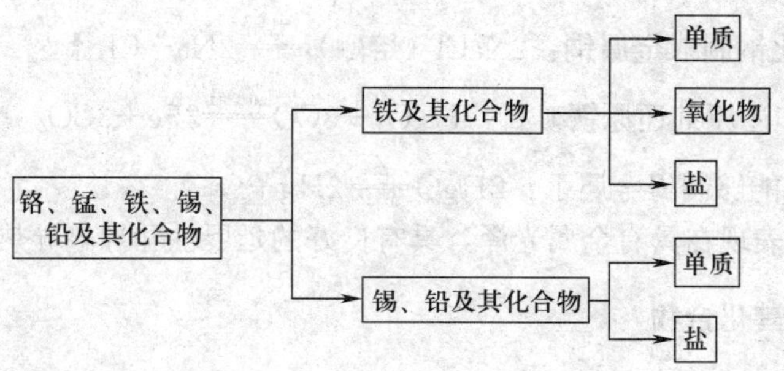

课程导入

初中已经学过了铁元素可以形成亚铁离子和铁离子，本节课继续学习其他有变价的金属元素。

知识讲授

1. 铬（Cr）是长周期表ⅥB族的第一个元素，在自然界中主要以铬铁矿形式存在。具有银白色光泽，熔点高。在所有金属中，铬的硬度最大。由于铬具有高硬度、耐磨、耐腐蚀等优良性能，用于制作合金钢、不锈钢（含 Cr 12%～18%）以及金属制品的电镀层。铬在空气或水中十分稳定，这是由于金属表面生成了一层致密的氧化膜。铬可溶于稀的非氧化性酸中，而在 $HgNO_3$ 中钝化。铬溶于盐酸，先呈现蓝色（Cr^{2+}），随即被空气氧化，呈现绿色（Cr^{3+}）。

2. 锰是一种较活泼的金属，锰与氧化合的能力较强，在空气中金属锰的表面被一层褐色的氧化膜所覆盖，使其不再继续被氧化。在高温时，锰能够与卤素、氧气、硫、硼、碳、硅、磷等直接化合。在加热的情况下，锰能与许多非金属反应。MnO_2 为棕黑色粉末，是锰最稳定的氧化物，在实验室中常利用其制取少量氯气。$KMnO_4$ 俗称锰氧，深紫色晶体，能溶于水，是一种强氧化剂。在酸性溶液及光的作用下，会缓慢地分解而析出 MnO_2。

3. 铁是中等活泼的金属。空气和水中纯铁（块状）是稳定的，但是一般的铁因含有杂质，在潮湿的空气中慢慢形成棕色的铁锈。铁能从非氧化性酸中置换出氢气。冷、浓硝酸可使铁钝化，因此储运浓 HNO_3 的容器和管道可用铁制品。铁的常见氧化物有红棕色的氧化铁（Fe_2O_3）、黑色的氧化亚铁（FeO）和黑色的四氧化三铁（Fe_3O_4）。它们都不溶于水，灼烧后的 Fe_2O_3 不溶于酸，FeO 能溶于酸、Fe_3O_4 是 Fe^{2+} 和 Fe^{3+} 的混合氧化物。$Fe(OH)_3$ 为红棕色，纯的 $Fe(OH)_2$ 为白色。在通常情况下，由于从溶液中析出的 $Fe(OH)_2$ 迅速被空气中的氧氧化，往往看到先是部分被氧化的灰绿色沉淀，随后变为棕褐色，这是由于 $Fe(OH)_2$ 逐步被氧化为 $Fe(OH)_3$ 所导致的。只有在完全清除掉溶液中的氧时，才有可能得到白色的 $Fe(OH)_2$。

Ⅲ　课后练习与习题册答案

课后练习答案

*6.1　金属元素通论

1. 金属的冶炼方法有电解还原法（适用于活泼性在铝以前的金属）、高温还原法（适用于活泼性在铜以前的金属）、热分解法（适用于活泼性在铜以后的金属）。

如电解熔融氯化钠制取金属钠：$2NaCl$（熔融）$\xlongequal{电解}2Na+Cl_2\uparrow$

高炉中用 CO 作还原剂还原铁矿石：$Fe_2O_3+3CO\xlongequal{高温}2Fe+3CO_2$

加热分解 HgO 能够制得金属汞：$2HgO\xlongequal{\triangle}2Hg+O_2\uparrow$

2. 金属的通性表现在具有金属光泽，具有良好的延展性和导电导热性。

6.2 钠、钾及其化合物

1. A

2. 方法一：取少许三种物质分别装入三支试管，分别进行加热，产生气体能使澄清石灰水变浑浊的为 $NaHCO_3$，没有此现象的为 Na_2CO_3 和 NaCl；另取少许两种未知物质分别装入两支试管，然后滴加盐酸，产生气体的为 Na_2CO_3，没有气体产生的为 NaCl。

方法二：用上述加热的方法先检验出 $NaHCO_3$，取两种未知物质分别配成溶液并滴加 $CaCl_2$ 溶液，产生白色沉淀的为 Na_2CO_3，未出现沉淀的为 NaCl。

方法三：取少许三种物质分别装入三支试管，加蒸馏水配成溶液，然后向试管内分别滴加 $CaCl_2$ 溶液，产生白色沉淀的试管内的物质为 Na_2CO_3；再向其余两试管中滴加盐酸，有气体产生的试管内物质为 $NaHCO_3$，没有气体产生的为 NaCl。

方法四：取三种物质各少许，分别装入三支试管，加蒸馏水配成溶液，然后向试管内逐滴加入稀盐酸，立即产生气体的试管内的物质为 $NaHCO_3$，当稀盐酸滴加到一定量后有气体产生的试管内的物质为 Na_2CO_3，无气体产生的试管内的物质为 NaCl。

3. NaOH 易溶于水，不密封会在瓶口吸收空气中水（溶解），再吸收二氧化碳成碳酸钠白色固体，继续吸水形成 $Na_2CO_3\cdot10H_2O$。Na_2O_2 易潮解，与空气中的 CO_2 反应，因此也需密闭保存。

4. 玻璃含有二氧化硅可以和氢氧化钠反应生成硅酸钠导致瓶口粘连，但是光滑的玻璃表面一般这个反应较难进行，而磨砂部位比较粗糙反应接触面积较大所以反应较快。所以可以使用玻璃瓶，但是不能用玻璃塞。

6.3 镁、钙、钡及其化合物

1. 较多钙离子镁离子　含有较少钙、镁离子　碳酸氢钙　碳酸氢镁　硫酸钙　硫酸镁　离子交换法　膜分离法

2. 污浊物是碳酸钙，不能用水洗净，可以用盐酸洗。

$CaCO_3+2HCl=CaCl_2+CO_2\uparrow+H_2O$

6.4 铝、铜、银、锌、汞及其化合物

1. B

2. B

3. (1) 浅绿色　Fe^{2+}　红　铜单质　(2) 铜锡铅　铜锌　铜镍　铁碳　碳　2.5%～4%　碳　0.02%～2.11%　汞与一些金属　汞与钠　(3) 汞　铬　铝　锌

4. $AgNO_3$ 溶液置于棕色试剂瓶中放于阴凉通风处密封保存，因为其见光及受热易分解。

5. 因为铝表面被浓硝酸氧化生成一层致密氧化铝薄膜，也就是钝化作用。

*6.5 铬、锰、铁、锡、铅及其化合物

1. A

2. D

3. A

4. 为了防止亚铁的氧化。因为亚铁离子容易被空气或水溶液中的氧气氧化生成三价铁离子，因此在配置硫酸亚铁溶液时加入铁单质（铁屑或铁钉）来还原被氧气氧化生成的三价铁离子，使它重新变成亚铁离子。

5. Fe^{2+}被氧化：

$2FeCl_2+Cl_2=2FeCl_3$

Fe^{2+}被还原：

$Zn+FeSO_4=ZnSO_4+Fe$

习题册答案

一、填空题

1. 铁、铬、锰及它们的合金　铁、铬、锰以外的金属　密度小于 4.5 g/cm^{3}的金属　密度大于 4.5 g/cm^{3}的金属

2. 金属　金属光泽　延展性　导电导热

3. 从矿石制取金属　氧化还原　电解还原法　高温还原法　热分解法

4. 银白色　O_2　Na_2O　比水小　放　低　气体　碱（NaOH）

$2Na+2H_2O=2NaOH+H_2\uparrow$

5. 两个　+2　一个　+3　+3　+2

6. (1) 铁粉 (2) 氯　氯　双氧水

7. 黑　红　黑　白　蓝　绿　蓝

8. Mg^{2+}和Ca^{2+}　Mg^{2+}和Ca^{2+}　HCO_3^-　煮沸　Cl^-和SO_4^{2-}　石灰—纯碱法　离子交换法

9. 铜　锡　铜　锌　铜　锌　镍　汞和金属形成的合金

10. NaOH　Na_2CO_3　$NaHCO_3$　$CaCO_3$　CaO　$Ca(OH)_2$　$FeSO_4\cdot 7H_2O$　$(NH_4)_2Fe(SO_4)_2\cdot 6H_2O$

11. 稀硫酸　铁钉　水解　浑浊　对应强酸

二、选择题

1. C　2. B　3. C　4. A　5. B　6. D　7. B　8. C　9. C　10. A　11. C　12. C　13. D　14. B　15. A　16. C　17. D　18. B　19. B　20. D　21. C　22. C　23. D　24. D　25. C　26. C　27. C　28. C　29. D　30. A

三、判断题

1. ×　2. ×　3. √　4. ×　5. √　6. √　7. ×　8. √　9. √　10. ×

四、简答题

1. 氢氧化钠与玻璃的主要成分SiO_2反应生成硅酸钠（Na_2SiO_3），反应的化学方程式如下：

$$2NaOH+SiO_2=Na_2SiO_3+H_2O$$

硅酸钠能够把玻璃粘在一起，因此实验室存放氢氧化钠溶液的试剂瓶不能用磨口玻璃塞

而用橡皮塞或软木塞。由于氢氧化钠能够吸收空气中的二氧化碳，因此不能长期存放。反应的化学方程式如下：

$$2NaOH+CO_2=\!=\!=Na_2CO_3+H_2O$$

2. 钠、钾能够和空气中的氧气、水等发生反应，因此不能暴露在空气中，必须保存在煤油中；镁、铝在空气或水中时，表面会生成一层致密的氧化物保护膜，阻止金属进一步反应，因此镁、铝在空气或水中很稳定。

3. 因为硝酸银见光或受热会发生分解，因此硝酸银要保存在棕色瓶中，并存放于冷暗处。反应的化学方程式如下：

$$2AgNO_3\overset{\triangle}{=\!=\!=}2Ag+2NO_2\uparrow+O_2\uparrow$$

4. $NaHCO_3$　Na_2CO_3　$NaOH$　Na_2O_2

5. 硫酸：$2KMnO_4+5Na_2SO_3+3H_2SO_4=\!=\!=K_2SO_4+2MnSO_4+5Na_2SO_4+3H_2O$

水：$2KMnO_4+3Na_2SO_3+H_2O=\!=\!=3Na_2SO_4+2MnO_2\downarrow+2KOH$

氢氧化钠：$2KMnO_4+Na_2SO_3+2NaOH=\!=\!=K_2MnO_4+Na_2MnO_4+Na_2SO_4+H_2O$

6. (1) 用稀 HCl　$Fe+2H^+=\!=\!=Fe^{2+}+H_2\uparrow$

(2) 加热灼烧　$2NaHCO_3\overset{\triangle}{=\!=\!=}Na_2CO_3+CO_2\uparrow+H_2O$

(3) 加铁粉　$2Fe^{3+}+Fe=\!=\!=3Fe^{2+}$

7. 将“药金”取少量滴加盐酸，“药金”部分溶解并有气体放出，反应的化学方程式如下：

$$Zn+2HCl=\!=\!=ZnCl_2+H_2\uparrow$$

将“药金”取少量滴加浓硝酸，“药金”全部溶解并放出红棕色气体，反应的化学方程式如下：

$$Zn+4HNO_3(浓)=\!=\!=Zn(NO_3)_2+2NO_2\uparrow+2H_2O$$

$$Cu+4HNO_3(浓)=\!=\!=Cu(NO_3)_2+2NO_2\uparrow+2H_2O$$

8. $Al_2O_3+6HCl=\!=\!=2AlCl_3+3H_2O$

$Al_2O_3+2NaOH=\!=\!=2NaAlO_2+H_2O$

$Al(OH)_3+3HCl=\!=\!=AlCl_3+3H_2O$

$Al(OH)_3+NaOH=\!=\!=NaAlO_2+2H_2O$

9. (1) $2Fe^{3+}+Fe=\!=\!=3Fe^{2+}$

(2) 硫

(3) $Fe^{2+}+HCO_3^-=\!=\!=FeCO_3\downarrow+H^+$　　$Fe(OH)_3$

(4) 取少量的洗涤液，滴加 $BaCl_2$溶液，再加盐酸，如果有白色浑浊，说明没有洗涤干净，如果没有浑浊，则说明已经洗涤干净。

(5) 200

10. 水的污染有两类，一类是自然污染，另一类是人为污染。当前对水体危害较大的是人为污染。水污染综合防治的措施有：

(1) 改革或改进生产工艺，减少污染

①对污染严重的生产工艺进行改革

②加速产品的更新换代

③改造设备和改进操作
④减少系统泄漏
⑤控制排水
（2）加强对水体及污染源的监测与管理
（3）提高废水处理技术水平
（4）充分利用水体的自净能力
（5）加强废水的综合利用
①循环使用废水，降低排放量
②回收废水中有价值的物质

第七章 烃

Ⅰ 概 述

一、教学目标和要求

1. 了解有机物的种类和特点。
2. 掌握甲烷的结构、制法和主要性质，掌握烷烃的通式、同系物、命名及同分异构现象。
3. 掌握乙炔的结构、制法和主要性质，了解炔烃的通式、同系物。
4. 掌握苯的结构和主要性质，了解芳香烃的通式、同系物。

二、内容安排说明

本章知识结构：

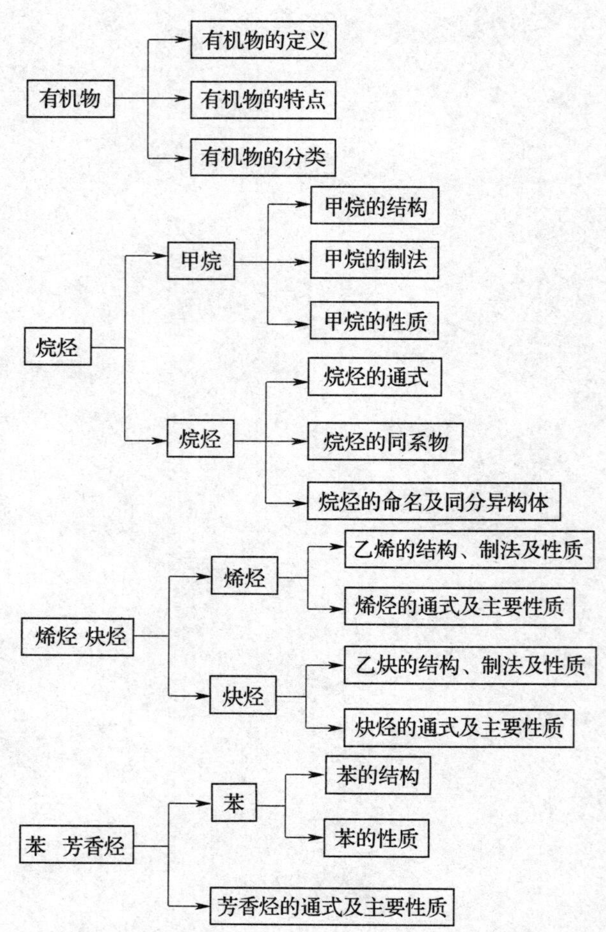

有机物就是碳的化合物，在有机物中，碳原子核外最外层四个电子都能够形成化学键，根据碳原子与其他原子形成化学键的数量，以及与碳原子形成化学键的元素的种类，有机物可以分成不同的种类。

本章主要研究只有碳原子与氢原子形成的有机化合物，即烃类，第一部分的主要内容是烷烃，重点学习其结构、性质、通式和命名；第二部分的主要内容是不饱和烃，应了解饱和烃和不饱和烃的区别；第三部分的主要内容是芳香烃，应了解芳香烃与饱和烃、不饱和烃的区别。

本章教学重点：

1. 甲烷的结构、制法和主要性质；烷烃的通式、同系物、命名及同分异构现象。
2. 乙烯的结构、制法和主要性质；烯烃的通式、同系物。
3. 乙炔的结构、制法和主要性质；炔烃的通式、同系物。
4. 苯的结构和主要性质；芳香烃的通式、同系物。

本章教学难点：

1. 对取代反应和加成反应的理解。
2. 烷烃的命名及同分异构现象。
3. 烷烃、烯烃、炔烃、苯及其同系物与溴水、高锰酸钾酸性溶液的反应（鉴别方法）。

三、本章教学时数分配建议

7.1　烷烃	2学时
7.2　烯烃　炔烃	2学时
*7.3　苯　芳香烃	1学时

Ⅱ　教材分析与教学建议

7.1　烷烃

学习目标

1. 掌握甲烷的结构式，了解甲烷分子化学键的特点。
2. 了解甲烷的实验室制法。
3. 了解甲烷的物理性质，掌握甲烷的主要化学性质和取代反应的定义。
4. 掌握烷烃的通式、结构简式的表示方法，以及同系物的相互关系。
5. 掌握烷烃的命名规则和方法，学会简单烷烃的同分异构体的写法和命名。

教学重点与难点

重点：

1. 甲烷的取代反应。
2. 烷烃的通式，用结构简式表示烷烃。
3. 烷烃的命名和同分异构体。

难点：

1. 根据烷烃同系物的特点写出烷烃的分子式。
2. 烷烃的命名和同分异构体的写法。

教学方法提示

1. 讲解烷烃的结构式时，关键要讲清每个碳原子结合的氢原子数。烷烃中每个碳原子能形成四个键，碳碳之间以单键结合，每个碳原子结合的氢原子数等于四减去它结合的碳原子数，因此伯碳结合三个氢原子，仲碳结合两个氢原子，叔碳结合一个氢原子，季碳不结合氢原子。

2. 讲解甲烷的取代反应时，要注意讲清四步反应是同时进行的，产物是混合物，如果生产中需要某种产物含量较高，可通过控制反应条件来实现。

3. 讲解烷烃的命名时，要讲清楚命名的规则，讲练结合，让学生学习命名。可以结合同分异构体来讲，同分异构体最多讲到己烷。

教学流程参考

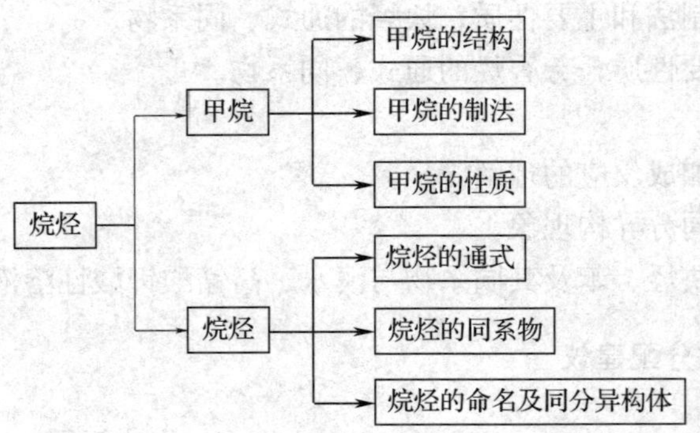

课程导入

只有碳氢两种元素组成的有机化合物叫做烃，其分子中碳原子之间全部以单键结合。碳原子的剩余价键全部和氢原子以单键结合的烃叫做烷烃，烷烃中最简单的是甲烷，只含有一个碳原子。

知识讲授

1. 烷烃中碳原子位于四面体的中心位置，沿四面体的四个顶角方向与氢原子或其他碳原子以共价键结合，由于所有的共价键都是以“头碰头”的形式结合，比较牢固，所以烷烃的性质比较稳定，称为饱和烃。

2. 烷烃由于组成结构比较相似，因此性质上具有相似性。都能够发生燃烧，产物都是二氧化碳和水；氢原子能够被卤素取代，都能够发生取代反应；除甲烷在高温下分解成碳和氢气外，其他的烷烃分解后得到小分子的烷烃、不饱和烃以及氢气等。

3. 甲烷是有机物质在无氧的情况下，由微生物发酵而得到，自然界中甲烷存在于天然气中，煤矿等坑道气（瓦斯）和动植物发酵的沼气中也有甲烷，甲烷是一种优质的气体燃料，我国的“西气东输”工程就是将西部丰富的天然气资源通过管道输送到东部地区。

4. 烷烃命名时遵循命名规则，编号时选取最长的碳链作为主碳键，从支链最近的一端编号，让简单的取代基编号尽量小，各取代基的编号之和要尽量小。

5. 书写同分异构体时，先写出直链；然后减少一个碳原子，作为甲基支链，放置在不同位置；再减少一个碳原子，作为两个甲基支链放置在同一个碳原子或不同碳原子上，或作为乙基支链放置在不同位置上；再减少一个碳原子，以三个甲基支链放在不同位置上，或以两个甲基放置同一个碳原子上，或以一个乙基、一个甲基放置，或以正丙基或异丙基放置。支链碳原子数越多，烷烃结构越复杂。

小资料

可 燃 冰

天然气水合物是由天然气与水在高压低温条件下形成的类冰状的结晶物质。因其外观像冰一样而且遇火即可燃烧，所以又被称作可燃冰、固体瓦斯或气冰。

可燃冰在自然界广泛分布在大陆永久冻土、岛屿的斜坡地带、活动和被动大陆边缘的隆起处、极地大陆架，以及海洋和一些内陆湖的深水环境。在标准状况下，1 单位体积的天然气水合物最多可分解产生 164 单位体积的甲烷气体，因而是一种重要的潜在资源。

可燃冰使用方便，燃烧值高，清洁无污染，但开采难度极大，至今没有成熟的开采技术。据了解，全球可燃冰的储量是现有天然气、石油储量的两倍，具有广阔的开发前景，美国、日本等国均已经在各自海域发现并开采出可燃冰，据科学家预计，我国海域可燃冰的资源量近 800 亿吨石油当量。2017 年 5 月，我国首次实现海域可燃冰试采成果，实现历史性突破，这具有重要的资源和战略意义。

目前，全世界拥有的常规煤炭、石油、天然气资源，或将在 40 年或 50 年后逐渐枯竭。而科学家估计，海底可燃冰分布的范围约 4 000 万平方公里，占海洋总面积的 10%，海底可燃冰的储量够人类使用 1 000 年，因而其被科学家誉为“未来能源”和“21 世纪能源”。

例题补充

例　写出庚烷的同分异构体，并加以命名。

解：

$$\begin{array}{ccccccccccccc} 1 & & 2 & & 3 & & 4 & & 5 & & 6 & & 7 \\ CH_3 & - & CH_2 & - & CH_2 & - & CH_2 & - & CH_2 & - & CH_2 & - & CH_3 \end{array} \qquad \text{正庚烷}$$

$$\begin{array}{ccccccccccc} 1 & & 2 & & 3 & & 4 & & 5 & & 6 \\ CH_3 & - & CH & - & CH_2 & - & CH_2 & - & CH_2 & - & CH_3 \\ & & | & & & & & & & & \\ & & CH_3 & & & & & & & & \end{array} \qquad \text{2-甲基己烷}$$

$$\begin{array}{ccccccccccc} 1 & & 2 & & 3 & & 4 & & 5 & & 6 \\ CH_3 & - & CH_2 & - & CH & - & CH_2 & - & CH_2 & - & CH_3 \\ & & & & | & & & & & & \\ & & & & CH_3 & & & & & & \end{array} \qquad \text{3-甲基己烷}$$

$$\begin{array}{ccccccccc} 1 & & 2 & & 3 & & 4 & & 5 \\ CH_3 & - & CH & - & CH & - & CH_2 & - & CH_3 \\ & & | & & | & & & & \\ & & CH_3 & & CH_3 & & & & \end{array} \qquad \text{2，3-二甲基戊烷}$$

$$\begin{array}{ccccccccc} 1 & & 2 & & 3 & & 4 & & 5 \\ CH_3 & - & CH & - & CH_2 & - & CH & - & CH_3 \\ & & | & & & & | & & \\ & & CH_3 & & & & CH_3 & & \end{array} \qquad \text{2，4-二甲基戊烷}$$

$$\begin{array}{ccccccccc} & & CH_3 & & & & & & \\ 1 & & |\,2 & & 3 & & 4 & & 5 \\ CH_3 & - & C & - & CH_2 & - & CH_2 & - & CH_3 \\ & & | & & & & & & \\ & & CH_3 & & & & & & \end{array} \qquad \text{2，2-二甲基戊烷}$$

$$\begin{array}{ccccccccc} & & & & CH_3 & & & & \\ 1 & & 2 & & |\,3 & & 4 & & 5 \\ CH_3 & - & CH_2 & - & C & - & CH_2 & - & CH_3 \\ & & & & | & & & & \\ & & & & CH_3 & & & & \end{array} \qquad \text{3，3-二甲基戊烷}$$

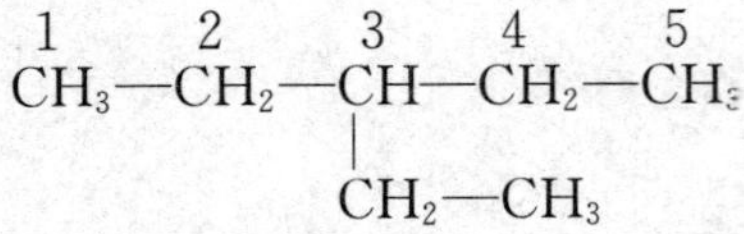

```
 1      2       3      4       5
CH3—CH2—CH—CH2—CH3          3-乙基戊烷
                |
                CH2—CH3

       CH3
 1     |2     3      4
CH3—C——CH—CH3            2，2，3-三甲基丁烷
       |      |
       CH3  CH3
```

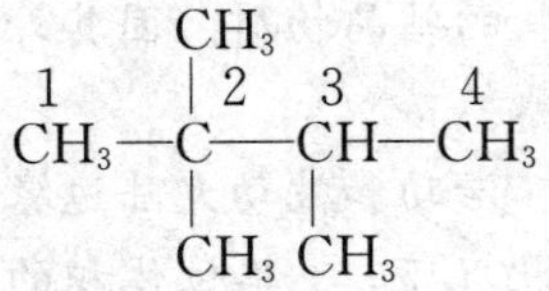

7.2 烯烃 炔烃

学习目标

1. 掌握乙烯、乙炔的结构式，了解乙烯、乙炔分子化学键的特点。
2. 了解乙烯、乙炔的实验室制法。
3. 了解乙烯、乙炔的物理性质，掌握乙烯、乙炔的主要化学性质和加成反应的定义。
4. 掌握烯烃、炔烃的通式，结构简式的表示方法，以及同系物的相互关系。

教学重点与难点

重点：

1. 乙烯、乙炔的实验室制法。
2. 乙烯、乙炔的主要化学性质和加成反应的定义。
3. 烯烃、炔烃的通式，以及结构简式的表示方法。

难点：

1. 乙烯、乙炔的实验室制法。
2. 乙烯、乙炔的主要化学性质和加成反应。

教学方法提示

1. 通过讲解，比较乙烯、乙炔与乙烷的结构差异，得出结论：烯烃与烷烃相比，分子中少两个氢原子，有一个比较活泼的碳碳双键；炔烃与烷烃相比，分子中少四个氢原子，有一个比较活泼的碳碳三键。

2. 通过氧化反应与加成反应，说明饱和烃和不饱和烃的主要区别。

教学流程参考

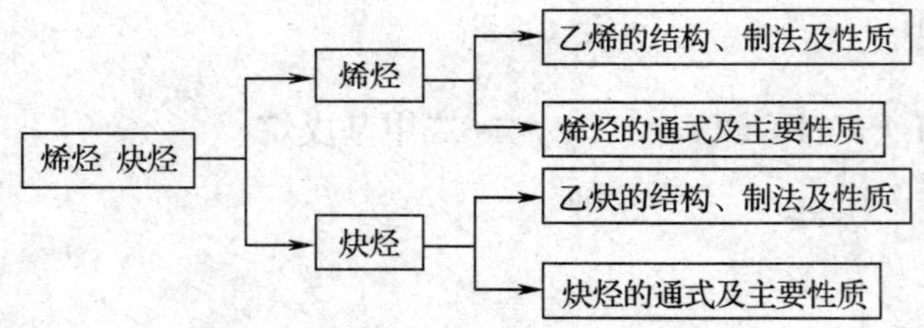

课程导入

烃分子中的碳原子之间不全都是以碳碳单键结合，而是有两个或多个碳原子之间以碳碳双键或碳碳三键结合，这样的烃称为不饱和烃，本节主要介绍其中简单的烯烃和炔烃。

知识讲授

1. 碳碳双键的两个碳原子以及两个碳原子结合的另外四个原子（共六个原子）同处于一个平面上，碳碳双键中，一对共用电子以“头碰头”形式结合成键（σ 键），另一对共用电子以“肩并肩”形式结合成键（π 键），π 键比较不稳定，在氧化剂作用下会断裂，发生加成反应。碳碳三键中两个碳原子以及与其结合的另外两个原子（共四个原子）同处于一条直线上，碳碳三键中，有一对 σ 键和两对 π 键。所以，烯烃和炔烃的化学性质有相似的地方，即都能使酸性高锰酸钾溶液和溴水褪色。

2. 不饱和键的另一个重要的特征是能够发生加成反应，即碳碳双键或碳碳三键中的 π 键发生断裂，与其他原子结合成新的共价键。

3. 炔烃中与碳碳三键的碳原子直接相连的氢原子能够被金属离子（Ag^+、Cu^+）取代。将乙炔通入银氨溶液得到白色乙炔银沉淀（Ag—C≡C—Ag），将乙炔通入氯化亚铜氨溶液，可以得到红棕色的乙炔亚铜沉淀（Cu—C≡C—Cu），利用此反应可以将乙炔与乙烯区别开来。需要说明的是乙炔银、乙炔亚铜只能存在于溶液中，干燥时受热、撞击等会发生剧烈爆炸，因此在实验室中实验完毕后需用硝酸处理。

4. 乙烯主要用于生产聚乙烯，约占乙烯耗量的 45%，其次是用于生产二氯乙烷和氯乙烯，以及乙烯氧化制环氧乙烷和乙二醇。乙烯烃化可制苯乙烯，另外，乙烯还可用于生产乙醛、酒精、高级醇。

小资料

乙 烯 利

乙烯利是有机化合物，纯品为白色针状结晶，工业品为淡棕色液体，易溶于水、甲醇、丙酮、乙二醇，微溶于甲苯，不溶于石油醚。乙烯利可用作农用植物生长刺激剂。一个乙烯利分子可以释放出一个乙烯分子，乙烯利是优质高效植物生长调节剂。

乙烯利催熟是香蕉上市前必不可少的生产环节，是多年来全世界香蕉生产广泛使用的技术。使用乙烯利是利用其溶水后散发的乙烯气体催熟，并诱导香蕉本身的内源乙烯，使香蕉自身快速产生乙烯气体，加速自熟。乙烯的催熟过程是一种复杂的植物生理生化反应过程，不是化学作用过程，不产生任何对人体有毒害的物质。

*7.3 苯 芳香烃

学习目标

1. 掌握苯的结构式，了解苯的化学键的特点。
2. 了解苯的物理性质，掌握苯的主要化学性质。
3. 掌握芳香烃的通式，掌握苯的同系物与苯的性质差异。

教学重点与难点

重点：

1. 苯环上的取代反应：卤代、硝化、磺化。
2. 苯和苯的同系物的性质差异。

难点：

1. 苯环上的取代反应：卤代、硝化、磺化。
2. 对苯环的不饱和性和稳定性的理解。

教学方法提示

芳香烃是环状不饱和化合物，含有苯环，苯环中的单双键与烷烃、烯烃中的单双键不一样，苯环中6个碳原子之间形成介于单键和双键之间的特殊键，形成一个循环，称为共轭结构，使得π键电子的稳定性大大提高。教学中要体现出苯环的特殊结构对它的性质的影响。

教学流程参考

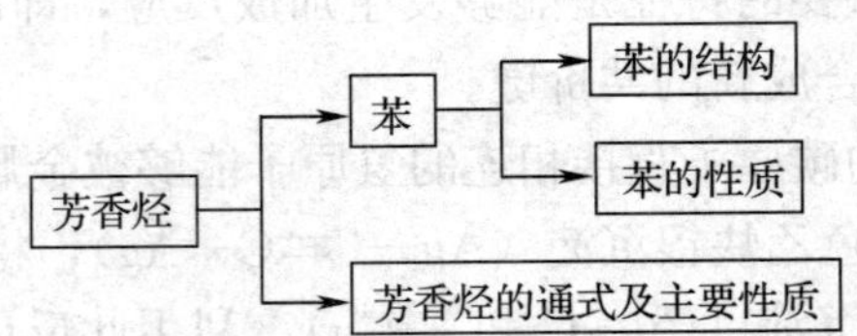

课程导入

不饱和烃中，有一类物质，它们一般以液态或固态存在，分子中氢原子数比相应的烷烃要少很多，都有特殊的芳香味，含有一个或多个环状结构，这就是芳香烃，其代表物质是苯。

知识讲授

1. 苯环是由6个碳原子通过σ键和π键构成的平面正六边形碳环。苯环上6个碳原子中的每一个原子分别跟相邻的两个碳原子和氢原子相连，共形成6个碳碳σ键和6个碳氢σ键。碳碳键夹角是120°，6个碳原子处于一个平面上，形成一个正六边形的苯环。苯环上6个碳原子还各有一个电子从侧面相互重叠，形成一个闭合的π键。它均匀对称地分布在环平面的上方和下方。通常把苯的这种键型叫做大π键。苯分子中π键电子完全平均化，使苯环中每个碳碳键的键长和键能都是相等的，这就说明苯分子具有对称性和稳定性。苯环的主要化学特性是环平面上下的π键电子具有化学活泼性，通常发生环上的取代反应。苯环较稳定，较难发生环上的加成反应。

2. 苯的同系物和苯的性质相似，如都不溶于水，都可燃，都不能使溴水褪色，都可以发生苯环上的取代反应。苯的同系物与苯的性质也有不同之处，主要是由于苯环对于侧链烷烃基的影响，使得侧链烷烃基容易被酸性高锰酸钾氧化。利用此性质可以区分鉴定苯和苯的同系物。苯的同系物发生苯环上的取代反应时与苯也有所不同，苯环使得侧链烷烃基的邻、对位的氢原子更容易被取代，如苯的硝化反应生成的是硝基苯，而甲苯的硝化反应生成的是2，4，6-三硝基甲苯。甲苯被酸性高锰酸钾氧化后的产物是苯甲酸；邻二甲苯被酸性高锰酸钾氧化后的产物是邻苯二甲酸；间二甲苯被酸性高锰酸钾氧化后的产物是间苯二甲酸；对二甲苯被酸性高锰酸钾氧化后的产物是对苯二甲酸。

Ⅲ　课后练习与习题册答案

课后练习答案

7.1　烷烃

1. C_nH_{2n+2}　14　氢原子　乙基　$—CH_2CH_2CH_3$
2. （1）C（2）D
3. （1）2，3，3-三甲基-4-乙基己烷　3，3-二乙基戊烷

$$\begin{array}{l} \qquad\quad CH_3 \\ \qquad\quad | \\ (2)\ CH_3—C—CH—CH_2—CH_2—CH_3 \\ \qquad\quad |\quad\ \ | \\ \qquad\ \ CH_3\ CH_2—CH_3 \end{array}$$

$$\begin{array}{l} \qquad CH_3 \\ \qquad\ | \\ CH_3—CH—CH_2—CH—CH_2—CH_2—CH_3 \\ \qquad\qquad\qquad\quad | \\ \qquad\qquad\qquad CH_2—CH_3 \end{array}$$

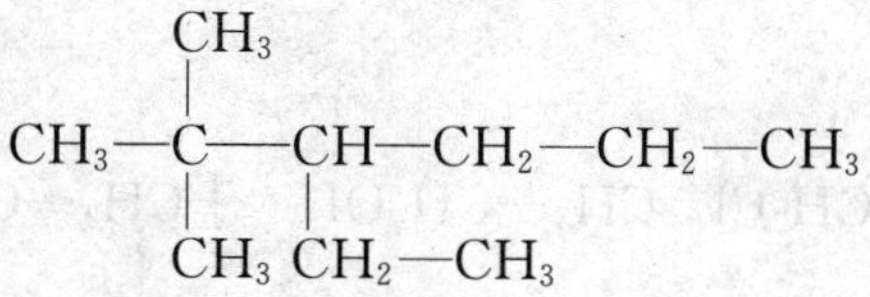

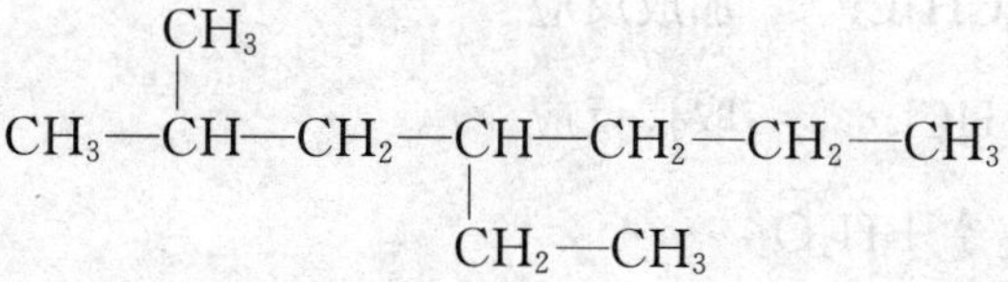

7.2 烯烃 炔烃

1. (1) 碳碳双 C_nH_{2n} 无 稍有 难 氧化 加成 聚合

(2) 碳碳三键 C_nH_{2n-2} 无 无 2

(3) $C_{14}H_{30}$ C_8H_{16}和C_7H_{14} C_9H_{16}、$C_{18}H_{34}$和$C_{15}H_{28}$

2. (1) C (2) C

7.3 苯 芳香烃

1. (1) 无 有特殊气 不 液 不饱和 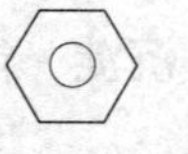 单键和双键

(2) $CH_3CH_2C{\equiv}CH$ $CH_3C{\equiv}CCH_3$ $CH_3CH{=}CH_2$ C_6H_{12}

2. (1) C (2) D

3. (1) $CH_3—CH_3+Cl_2 \xrightarrow{光照} CH_3—CH_2Cl+HCl$ 取代反应

(2) $CH_2{=}CH_2+Br_2 \longrightarrow CH_2Br—CH_2Br$ 加成反应

(3) 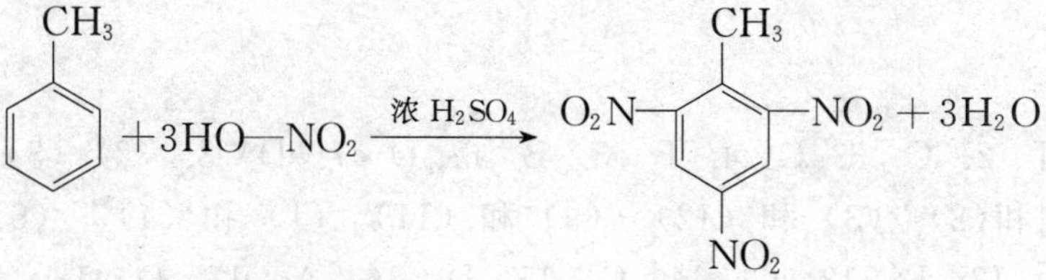 CH_3 $+3HO—NO_2 \xrightarrow{浓\ H_2SO_4}$ CH_3 O_2N— —NO_2 $+3H_2O$ 取代反应
NO_2

(4) $nCH_2{=}CH_2 \xrightarrow{催化剂} [CH_2—CH_2]_n$ 聚合反应

(5) $C_3H_8+5O_2 \xrightarrow{点燃} 3CO_2+4H_2O$ 氧化反应

(6) 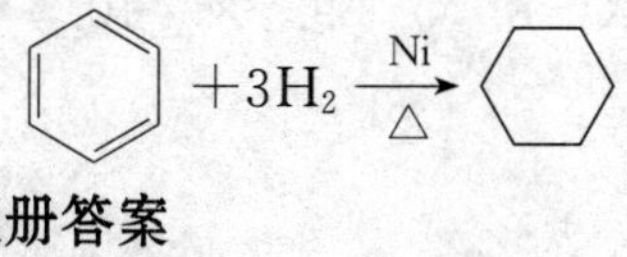 $+3H_2 \xrightarrow[\triangle]{Ni}$ 加成反应

习题册答案

一、填空题

1. (1) C_8H_{18} (2) $C_{18}H_{38}$ (3) $C_{23}H_{48}$ (4) $C_{39}H_{80}$ (5) $C_{14}H_{30}$ (6) $C_{10}H_{22}$ (7) C_5H_{12} (8) $C_{14}H_{30}$ (9) C_3H_8

$$\begin{array}{l} \qquad\qquad\quad H\ \ H \\ \qquad\qquad\quad |\quad\ | \\ 2.\ C_2H_6\quad H—C—C—H\quad CH_3—CH_3 \\ \qquad\qquad\quad |\quad\ | \\ \qquad\qquad\quad H\ \ H \end{array}$$

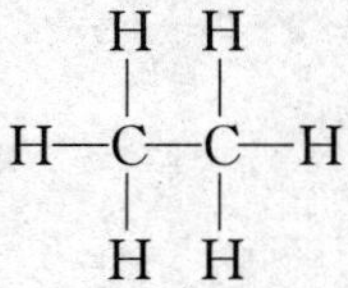

3. CO、HCl

4. (1) 1.8 5 (2) 0.2 (3) 0.6 (4) 3∶1

5. (1) $CH_2=CH_2$　CH_3-CH_3　CH_3-CH_2Cl　CH_3-CH_2OH　$\left[CH_2-CH_2\right]_n$

(2) ②$CH_2=CH_2+HCl \xrightarrow{催化剂} CH_3-CH_2Cl$　　加成反应

⑤$CH_3-CH_3+Cl_2 \xrightarrow{光照} CH_3-CH_2Cl+HCl$　　取代反应

6. (1) $CH_3CH_2OH \xrightarrow[170\ ℃]{催化剂} CH_2=CH_2\uparrow+H_2O$

(2) 催化剂和脱水剂

(3) 加热沸腾时形成气泡以防止暴沸

(4) 液面下

(5) 混合液在 140 ℃左右会生成乙醚

7. (1) H_2S 的水溶液是酸性，与 NaOH 发生中和反应　中和产物 Na_2S 会发生水解，生成 H_2S，清除不干净杂质

(2) H_2S 具有还原性，$KMnO_4$ 溶液具有氧化性，能够发生反应　C_2H_2 同样能够和 $KMnO_4$ 溶液发生反应

(3) H_2S 与 $CuSO_4$ 反应生成 CuS 沉淀　能够使 H_2S 清除干净，而且不和 C_2H_2 发生反应

(4) $BaCl_2$

8. (1) 苯　溴苯　$C_6H_6+Br_2 \xrightarrow{Fe或FeBr_3} C_6H_5-Br+HBr$　取代

(2) 己烷、苯

(3) 己烯

(4) 甲苯

二、选择题

1. BEJ　BCDEHJ　2. C　3. C　4. B　5. B　6. D　7. D　8. (2) (5) (6) (8) (10)　(6) [或(10)]和(8)　(3) 和 (12)　(9) 和 (11)　(1) 和 (4)、(6) 和 (10)　9. A　10. B　11. B　12. B　13. C　14. C　15. D　16. A　17. D　18. A　19. B　20. B　21. B　22. B　23. C　24. D　25. C　26. AB　27. B　28. D　29. B　30. A

三、判断题

1. ×　2. ×　3. ×　4. ×　5. √　6. √　7. ×　8. √　9. ×　10. ×　11. ×　12. √　13. ×　14. √　15. √

四、问答题

1. (1) $CH_3-CH_2-C(CH_3)_2-CH_2$　错　2，2-二甲基丁烷

(2) 对

(3) $CH_3-CH_2-CH(CH_3)-CH_2-CH_3$　错　3-甲基戊烷

(4) $CH_3—CH—C(CH_3)_2—CH_3$（结构式：$CH_3—CH(CH_3)—C(CH_3)_2—CH_3$） 错 2，2，3-三甲基丁烷

2. (1) 编号错误 2，2，4-三甲基己烷

(2) 主链选取错误 3，4-二甲基己烷

3. 3，3-二甲基-4-乙基己烷

4. (1) ④→③→①→②

(2) 品红溶液褪色 混合气体中含有 SO_2 溴水褪色 除去 SO_2 气体 SO_2 气体完全吸收氧化

(3) 无水硫酸铜 水蒸气 澄清石灰水 CO_2

5. 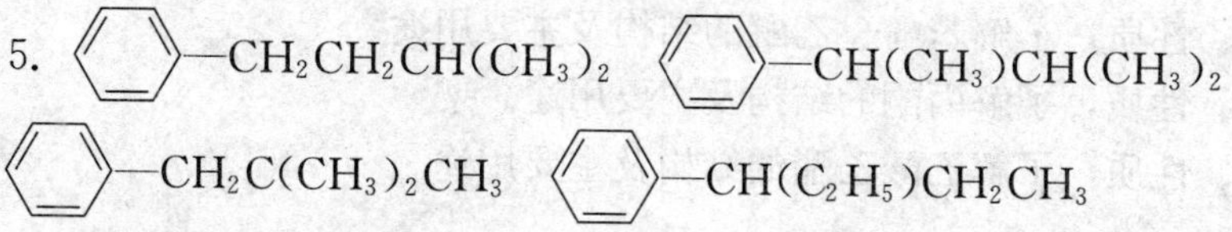 $C_6H_5—CH_2CH_2CH(CH_3)_2$ $C_6H_5—CH(CH_3)CH(CH_3)_2$

$C_6H_5—CH_2C(CH_3)_2CH_3$ $C_6H_5—CH(C_2H_5)CH_2CH_3$

6. (1) 水浴 加热均匀 易于控温

(2) 浓硫酸 浓硝酸

(3) 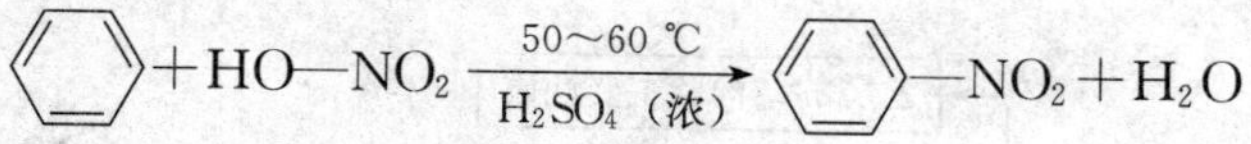 $C_6H_6 + HO—NO_2 \xrightarrow[H_2SO_4（浓）]{50\sim60\ ℃} C_6H_5—NO_2 + H_2O$

(4) B

7. $CaC_2 + 2H_2O \longrightarrow C_2H_2\uparrow + Ca(OH)_2$

$2NaCl + 2H_2O \xlongequal{电解} 2NaOH + H_2\uparrow + Cl_2\uparrow$

$H_2 + Cl_2 \xlongequal{光照或点燃} 2HCl$

$CH\equiv CH + HCl \xrightarrow[\triangle]{催化剂} H_2C=CHCl$

$nCH_2=C(Cl)—H \longrightarrow [CH_2—CH(Cl)]_n$

8. 点燃三种气体，分别用干冷的烧杯和用石灰水湿润的烧杯罩住火焰上方，只有干冷烧杯壁上有水蒸气凝出的是氢气，只有用石灰水湿润的烧杯壁上出现浑浊的是一氧化碳，干冷烧杯壁上有水蒸气凝出并且用石灰水湿润的烧杯壁上出现浑浊的是甲烷。

第八章　烃的衍生物

Ⅰ　概　　述

一、教学目标和要求

1. 了解烃的衍生物的分类。
2. 掌握乙醇的结构、性质，了解苯酚、乙醚的结构及主要用途。
3. 掌握乙醛的结构、性质，了解丙酮的结构及主要用途。
4. 掌握乙酸的结构、性质，了解乙酸乙酯的结构及主要用途。

二、内容安排说明

本章知识结构：

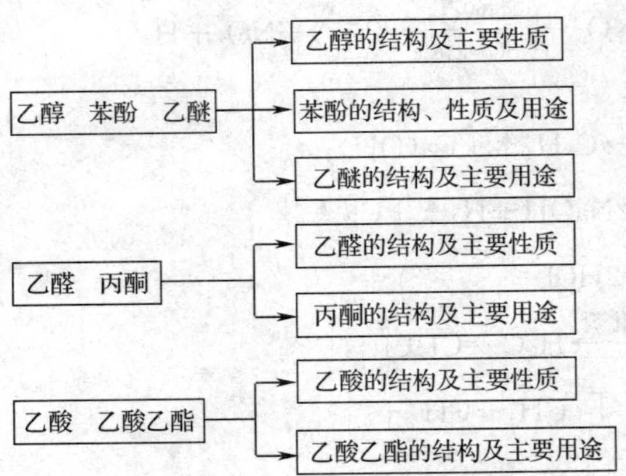

烃的衍生物主要是碳原子结合的氢原子被其他原子（或基团）所取代后生成的物质，物质的化学性质主要由这些基团（官能团）所决定，烃的衍生物按照官能团及其结合的烃基的不同进行分类。

本章的主要内容分为三个部分，第一部分主要讲述乙醇、苯酚、乙醚的结构和主要性质、用途，第二部分主要讲述乙醛、丙酮的结构和主要性质、用途，第三部分主要讲述乙酸、乙酸乙酯的结构和主要用途。学习本章，可以初步认识烃的衍生物的官能团对物质性质的影响。

本章教学重点：

1. 乙醇的结构及主要性质，苯酚、乙醚的结构。
2. 乙醛的结构及主要性质，丙酮的结构。
3. 乙酸的结构及主要性质，乙酸乙酯的结构。

本章教学难点：

乙醇、乙醛、乙酸的主要性质及相互之间的转化。

三、本章教学时数分配建议

8.1	乙醇 苯酚 乙醚	2 课时
*8.2	乙醛 丙酮	2 课时
*8.3	乙酸 乙酸乙酯	2 课时

Ⅱ　教材分析与教学建议

8.1　乙醇　苯酚　乙醚

学习目标

1. 掌握乙醇、苯酚、乙醚的结构特点。
2. 掌握乙醇的主要化学性质及用途。
3. 了解苯酚的化学性质及苯酚、乙醚的主要用途。

教学重点与难点

重点：

1. 乙醇、苯酚、乙醚的结构特点。
2. 乙醇的主要化学性质。

难点：

乙醇的主要化学性质。

教学方法提示

乙醇、苯酚、乙醚结构的主要特点是氧原子与碳原子以单键相连，醇、酚的氧原子另一端连接氢原子，形成羟基（—OH）。醇是羟基与链烃相连，酚是羟基与苯环相连，醚的氧原子两端连接的都是烃基。

教学流程参考

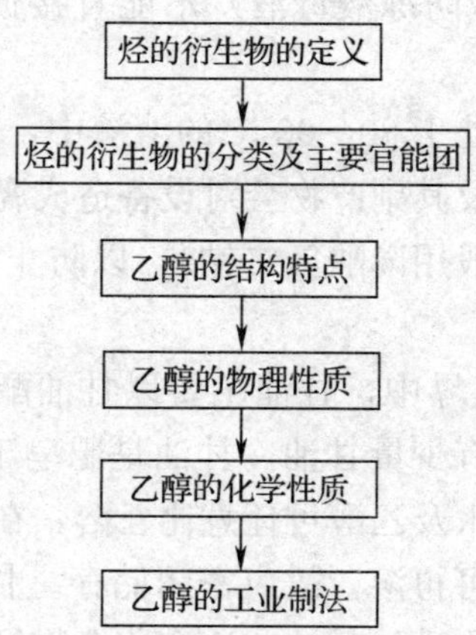

课程导入

在乙醇、苯酚、乙醚这三种物质中，乙醇比较常见，乙醚也在乙醇制乙烯实验中接触过，苯酚相对来讲比较陌生。这三种物质在结构上各有特点，也有相似的地方，本节主要介绍这三种物质。

知识讲授

1. 醇是羟基与链烃的碳原子直接相连的一种烃的衍生物，根据羟基连接的碳原子的种类进行分类，与伯碳连接的是伯醇（正醇），与仲碳相连的是仲醇（异醇），与叔碳相连的是叔醇。如：

正丁醇 $CH_3—CH_2—CH_2—CH_2—OH$

异丁醇 $\underset{\displaystyle OH}{CH_3—\underset{|}{CH}—CH_2—CH_3}$

叔丁醇 $CH_3—\overset{\displaystyle CH_3}{\overset{|}{\underset{\displaystyle \underset{|}{}\atop OH}{C}}}—CH_3$

2. 甲醇最早由木材和木质素干馏制得，故俗称木醇。现在用锌铝催化剂在高温高压下实现了由碳和氢直接合成甲醇的工业化生产。甲醇是最简单的饱和醇，也是重要的化学工业基础原料和清洁液体燃料，它广泛用于有机合成、医药、农药、涂料、染料、汽车和国防等行业中。甲醇对中枢神经系统有麻醉作用，对视神经和视网膜有特殊选择作用，易引起病变，可致代谢性酸中毒。甲醇纯品略带乙醇味，粗品刺鼻难闻，有毒，可直接侵害人的机体细胞组织，使人失明。正常人一次饮用4～10 g纯甲醇会发生严重中毒，饮用7～8 g会导致失明，饮用30～100 g就会死亡。

3. 乙二醇是一种防冻剂，60%的乙二醇水溶液在－40 ℃时结冰。乙二醇除用作汽车用防冻剂外，还用于工业中冷量的输送，一般称为载冷剂。乙二醇在用做防冻剂、载冷剂时应该注意：

(1) 其冰点随着乙二醇在水溶液中的浓度变化而变化，浓度在60%以下时，随着水溶液中乙二醇浓度升高，冰点降低，但浓度超过60%后，随着乙二醇浓度的升高，其冰点呈上升趋势，黏度也会随着浓度的升高而升高。当浓度达到99.9%时，其冰点上升至－13.2 ℃，这是浓缩型防冻液（防冻液母液）不能直接使用的一个重要原因，必须引起注意。

(2) 乙二醇含有羟基，长期处于80～90 ℃的溶液中，乙二醇会先被氧化成乙醇酸，再被氧化成草酸，即乙二酸。草酸及其副产物会对设备造成腐蚀而使之渗漏。因此，在配制的防冻液中，还必须有防腐剂（一般用磷酸氢二钠），以防止防冻液对钢铁、铝的腐蚀和水垢的生成。

4. 甘油又称丙三醇，在自然界中，甘油主要以甘油酯的形式广泛存在于动植物体内，在棕榈油和其他少数油脂中也含有少量甘油。甘油是肥皂工业的副产物，为无色黏稠液体，有甜味。纯甘油吸水性很强，与水及乙醇可任意比互溶，在潮湿空气中能吸收水分，遇冷时间过长时能析出结晶块，稍加温可再溶，故应密闭储存。甘油于10 ℃左右与硫酸、硝酸混合反应，生成甘油三硝酸酯，俗称硝酸甘油，这个化合物经轻微碰撞即分解成大量的气体并放出大量的热，发生爆炸。硝酸甘油还常用作强心剂和抗心绞痛药。甘油大量用作化工原料，用于制造合成树脂、塑料、油漆、硝酸甘油、油脂和蜂蜡等，还用于制药、香料、化妆品、卫生用品及国防等工业中。

5. 苯酚具有弱酸性，酸性介于碳酸和碳酸氢根离子之间。由于苯酚的酸性太弱，以至于不能使石蕊试剂变红（石蕊试剂的变色范围是 pH 5～8）。苯酚固体易溶于氢氧化钠溶液和碳酸钠溶液，但难溶于碳酸氢钠溶液。

*8.2 乙醛 丙酮

学习目标

1. 掌握乙醛的结构特点、主要化学性质及用途。
2. 了解丙酮的结构特点及主要用途。

教学重点与难点

重点：

1. 醛、酮的结构特点。
2. 乙醛的主要化学性质。

难点：

乙醛的氧化反应及银镜反应。

教学方法提示

要带着学生比较得出醛、酮的特点，并与醇、酚、醚相比较。氧原子和碳原子以碳氧双键结合形成羰基（$-\underset{\underset{O}{\|}}{C}-$），羰基的一端连接氢原子的为醛，两端都连接碳原子的为酮。

教学流程参考

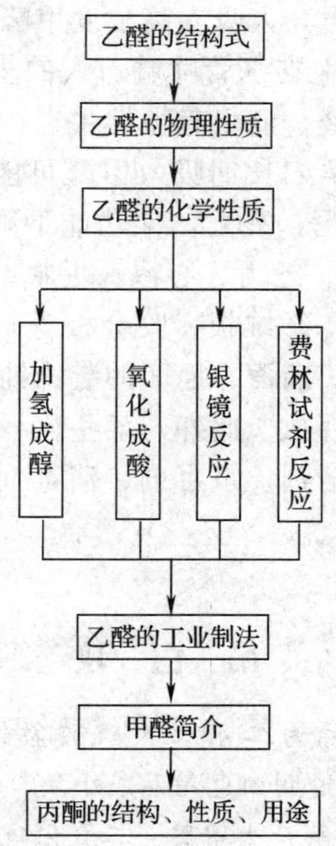

课程导入

伯醇、仲醇能够被氧化，碳原子和氧原子以双键结合，分别形成醛羰基和酮羰基。

知识讲授

1. 醛的化学性质体现在醛基上，碳氧双键是不饱和键，可以发生加成反应，乙醛加氢可以得到乙醇。由于羰基的作用，使得和羰基碳原子相连的氢原子变得比较活泼，能够被氧化成羟基。因此醛可以被氧化成羧酸或羧酸盐。在催化剂作用下醛既可以被氧气氧化，也可以被一些金属的离子氧化。银镜反应，是检验醛基的特征反应，银氨溶液具有弱氧化性，可以将醛氧化为羧酸，由于银镜反应需弱碱性条件下进行，因此得到羧酸盐。银镜反应成功的关键在于试管一定要洁净光滑，最好用新试管。实验时用 NaOH 溶液加热洗涤除去可能有的油污，再用清水洗涤干净，配好银氨溶液滴入乙醛混匀后，放在热水浴中加热，注意不要移动试管，直至出现银镜。实验结束后，废液倒入废液缸，试管上的银镜用硝酸溶液清洗，可以作为硝酸银溶液回收使用。

2. 醛与氢氧化铜的反应可以新配置 $Cu(OH)_2$ 沉淀，一般用费林试剂配置。费林试剂分为 A、B 试剂，A 试剂是将 36.4 g $CuSO_4 \cdot 5H_2O$ 溶于 200 mL 水中，用 0.5 mL 浓硫酸酸化，再用水稀释到 500 mL 待用；B 试剂是取 173 g 酒石酸钾钠（$KNaC_4H_4O_6 \cdot 4H_2O$），71 g NaOH 固体溶于 400 mL 水中，再稀释到 500 mL，使用时取等体积 A、B 两溶液混合。在费林试剂中，Cu^{2+} 与酒石酸负离子形成配合物。加入醛后，在 50～60 ℃的热水中加热 2 min 左右出现砖红色的 Cu_2O 沉淀。

3. 甲醛是最简单的醛，通常把它归为饱和一元醛，但它左右对称，相当于二元醛。在与弱氧化剂的反应中，1 mol 甲醛最多可还原出 4 mol Ag 或 2 mol Cu_2O，都是乙醛还原能力的两倍，故甲醛又像二元醛。

甲醛是无色、具有强烈气味的刺激性气体，其 35%～40%的水溶液俗称福尔马林。甲醛是原浆毒物，能与蛋白质结合，人吸入高浓度甲醛后，会出现呼吸道的严重刺激和水肿、眼刺痛、头痛，也可能发生支气管哮喘。人的皮肤直接接触甲醛，可引起皮炎、色斑、坏死。人经常吸入少量甲醛，能引起慢性中毒，出现黏膜充血、皮肤刺激、过敏性皮炎角化和脆弱、指端疼痛。孕妇长期吸入甲醛可能导致新生婴儿畸形，甚至死亡，男子长期吸入甲醛可导致精子畸形、死亡，性功能下降，严重的可导致白血病、气胸、生殖能力缺失，全身症状有头痛、乏力、心悸、失眠、体重减轻以及植物神经紊乱等。各种人造板材（刨花板、密度板、纤维板、胶合板等）中由于使用了脲醛树脂黏合剂，因而含有甲醛。新式家具的制作，墙面、地面的装饰铺设，都要使用黏合剂。凡是大量使用黏合剂的地方，总会有甲醛释放。此外，某些化纤地毯、油漆涂料也含有一定量的甲醛。甲醛还可来自化妆品、清洁剂、杀虫剂、消毒剂、防腐剂、印刷油墨、纸张、纺织纤维等多种化工和轻工产品。

小资料

吊 白 块

吊白块又称雕白粉，化学名称为二水合次硫酸氢钠甲醛或二水甲醛合次硫酸氢钠（$NaHSO_2 \cdot CH_2O \cdot 2H_2O$），为半透明白色结晶或小块，易溶于水。吊白块高温下具有极强的还原性，有漂白作用，加热时分解产生甲醛、二氧化硫和硫化氢等有毒气体。吊白块水溶液在 60 ℃以上就开始分解出有害物质。吊白块在印染工业用作拔染剂和还原剂，以及靛蓝染料生产等。吊白块还用于合成橡胶、制糖以及乙烯化合物的聚合反应。

*8.3　乙酸 乙酸乙酯

学习目标

1. 掌握乙酸的结构和主要性质。

2. 了解乙酸乙酯的结构和主要性质。

教学重点与难点

重点：

1. 羧酸和酯的结构特点。

2. 乙酸的酸性、酯化反应。

3. 酯的水解。

难点：

酯化反应和酯的水解。

教学方法提示

1. 乙酸是一种弱酸，但其酸性比碳酸强，讲解时带领学生回顾酸的通性，利用酸的通性来了解乙酸的酸性。根据弱电解质的电离平衡，了解乙酸的电离情况。回顾初中学过的醋酸（即乙酸）可以用来除水垢，比较得出乙酸的酸性比碳酸强。

2. 酯化反应的实质是取代反应，讲解时带领学生回顾取代反应的特点，讲清楚酯化反应是羧酸的羟基被醇的烷氧基取代。酯化反应的口诀：酸去羟基醇去羟基氢（酸脱氢氧醇脱氢）。

3. 酯化反应是一种可逆反应，要根据化学平衡的原理，将生成的酯不断从体系中取出，以使反应尽量完全。

4. 利用化学平衡原理带领学生理解酯化反应一般在酸性催化剂作用下进行，水解时在酸性条件下仍然是可逆反应，在碱性条件下可以很完全。

教学流程参考

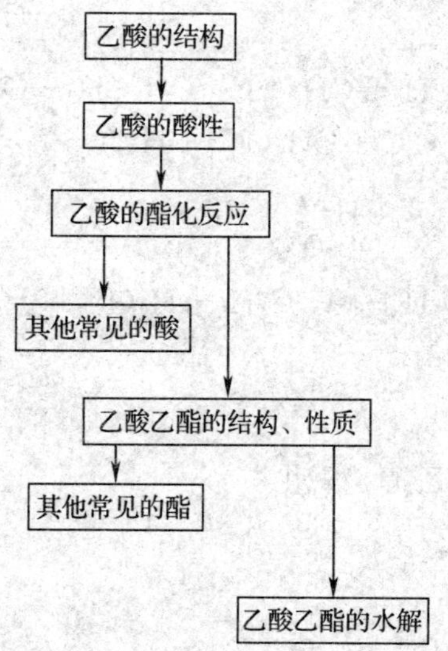

课程导入

乙醇氧化生成乙醛，乙醛继续氧化生成乙酸，在羧酸中，羟基与羰基的碳原子直接结合，使得羟基中的氢原子活性进一步加强，会发生电离而呈现弱酸性。

知识讲授

1. 乙醇、乙酸都可以通过酿造得到，这就是酿酒和酿醋，用含淀粉的植物（稻、麦、高粱、红薯等）在酒曲或醋曲（实质是催化剂酶）的作用下发酵，就可以得到酒或醋。酿酒时间短，一般 3～5 天，酿造时要密封；酿醋的时间长，一般要 20～50 天，酿醋时要翻动原料，增加其和空气接触的机会。

2. 羧酸的酸性随碳原子数增加而减弱，即甲酸（$K_a=1.77\times10^{-4}$）＞乙酸（$K_a=1.77\times10^{-5}$）＞丙酸（$K_a=1.34\times10^{-5}$），二元羧酸的酸性比一元羧酸强，如草酸（HOOC—COOH）的 $K_{a_1}=1.54\times10^{-2}$。

3. 甲酸又名蚁酸。蚂蚁分泌物和蜜蜂的分泌液中含有蚁酸，当初由人们蒸馏蚂蚁时制得，故有此名。甲酸无色而有刺激性气味，且有腐蚀性，人体皮肤接触后会起泡红肿。甲酸熔点 8.4 ℃，沸点 100.8 ℃。由于甲酸的结构特殊，它的一个氢原子和羧基直接相连，也可看作是羟基甲醛，因此甲酸同时具有酸和醛和性质。在工业中，甲酸被用于橡胶、医药、染料、皮革等工业。

4. 酯类通常根据形成酯的酸和醇来命名，如甲酸乙酯，乙酸异戊酯等。除有机酸可以形成酯外，无机酸与醇也能形成酯，如硫酸二甲酯、硝酸乙酯等。

Ⅲ　课后练习与习题册答案

课后练习答案

8.1　乙醇　苯酚　乙醚

1. CH_3CH_2OH　75%　间　乙烯　催化剂和脱水剂

$CH_3CH_2OH \xrightarrow[170\ ℃]{催化剂} CH_2{=}CH_2\uparrow + H_2O$

2. (1) B　(2) B

3. A：CH_3CH_2OH　B：$CH_2{=}CH_2$　C：$CH_3CH_2{-}O{-}CH_2CH_3$

$2CH_3CH_2OH + 2Na \longrightarrow 2CH_3CH_2ONa + H_2\uparrow$

$CH_3CH_2OH \xrightarrow[170\ ℃]{催化剂} CH_2{=}CH_2\uparrow + H_2O$

$2CH_3CH_2OH \xrightarrow[140\ ℃]{催化剂} C_2H_5{-}O{-}C_2H_5 + H_2O$

*8.2　乙醛　丙酮

1. 碳氧双　加成　还原　乙醇　氧化
2. (1) B (2) B

*8.3　乙酸　乙酸乙酯

1. 酒密封后在酒窖中长时间存放，乙醇在微生物作用下被氧化为乙酸，乙醇和乙酸发生酯化反应生成具有特殊香味的乙酸乙酯。

2. 因为甲酸显酸性，氨水显碱性，涂上氨水后发生酸碱中和，因此可以消除甲酸，起到止疼止痒的作用，还可以用一些其他的碱性物质，如稀 Na_2CO_3 溶液、牙膏、风油精等。

习题册答案

一、填空题

1. ①③④　①　①　⑤

2. 黑　氧化铜　红　刺激性臭　$2CH_3CH_2OH+O_2 \xrightarrow[\triangle]{催化剂} 2CH_3CHO+2H_2O$　氧化

3. $CH_2{=}CH_2$　$\underset{\displaystyle Br}{\underset{|}{CH_2}}-\underset{\displaystyle Br}{\underset{|}{CH_2}}$

4. C_2H_5OH　CrO_3　C_2H_5OH

5. $C_6H_5OH+3Br_2 \longrightarrow C_6H_2Br_3OH\downarrow+3HBr$（2,4,6-三溴苯酚）

$C_6H_6+Br_2 \xrightarrow{Fe或FeBr_3} C_6H_5{-}Br+HBr$

$C_6H_5{-}OH \longrightarrow C_6H_5{-}O^-+H^+$

$C_6H_5{-}ONa+CO_2+H_2O \longrightarrow C_6H_5{-}OH+NaHCO_3$

6. $CH_3-\underset{\displaystyle OH}{\underset{|}{CH}}-CH_3$　$CH_3-\underset{\displaystyle O}{\underset{\|}{C}}-CH_3$

7. CH_3-CH_3　CH_3-CH_2OH　CH_3-O-CH_3　$\underset{\displaystyle OH}{\underset{|}{CH_2}}-\underset{\displaystyle OH}{\underset{|}{CH_2}}$

8. ①③②④

9.（1）饱和碳酸钠溶液　在分液漏斗中充分混合后分离

（2）NaOH 溶液　用 NaOH 溶液中和至碱性后蒸馏分离

10.（1）羧基　烯　羟基

（2）滴加含有酚酞的 NaOH 溶液　红色的 NaOH 溶液褪色

（3）滴加含 Br_2 的 CCl_4 溶液，溶液褪色

二、选择题

1. C　2. B　3. B　4. C　5. A　6. B　7. B　8. C　9. D　10. D　11. A　12. C　13. C　14. D　15. C　16. A　17.（1）BC（2）A（3）E（4）B（5）D 18. C　19. C　20. C

三、判断题

1. √　2. √　3. √　4. √　5. √　6. √　7. ×　8. √

四、问答题

1. 醇：正丙醇 $CH_3-CH_2-CH_2OH$，异丙醇 $CH_3-\underset{\displaystyle OH}{\underset{|}{CH}}-CH_3$

醚：甲乙醚 $CH_3—O—CH_2CH_3$

醛：丙醛 $CH_3—CH_2—CHO$

酮：丙酮 $CH_3—\underset{\underset{O}{\|}}{C}—CH_3$

羧酸：丙酸 $CH_3—CH_2—COOH$

酯：甲酸乙酯 $H—\underset{\underset{O}{\|}}{C}—O—CH_2—CH_3$，乙酸甲酯 $CH_3—\underset{\underset{O}{\|}}{C}—O—CH_3$

同分异构体：正丙醇、异丙醇、甲乙醚；丙醛、丙酮，丙酸、甲酸乙酯、乙酸甲酯

2. 取三种溶液各少许加入试管中，再滴加 $Cu(OH)_2$ 悬浊液。悬浊液变澄清的是乙酸，无现象的是乙醇和乙醛，将溶液在热水中加热，有红棕色沉淀的是乙醛，无现象的是乙醇。

3. (1) 乙醇→乙醚：$2CH_3—CH_2OH \xrightarrow[140\ ℃]{催化剂} C_2H_5—O—C_2H_5 + H_2O$

(2) 乙醇→乙醛：$2CH_3CH_2OH + O_2 \xrightarrow[\triangle]{催化剂} 2CH_3CHO + 2H_2O$

(3) 乙醛→乙醇：$CH_3CHO + H_2 \xrightarrow[\triangle]{Ni} CH_3CH_2OH$

(4) 乙醛→乙酸：$2CH_3CHO + O_2 \xrightarrow[\triangle]{催化剂} 2CH_3COOH$

(5) 乙酸→乙酸乙酯：$CH_3COOH + CH_3CH_2OH \xrightarrow[\triangle]{催化剂} CH_3COOC_2H_5 + H_2O$

(6) 乙酸乙酯→乙酸：$CH_3COOC_2H_5 + H_2O \xrightarrow{催化剂} CH_3COOH + C_2H_5OH$

4. 因为甲酸显酸性，氨水显碱性，涂上氨水后发生酸碱中和，因此可以消除甲酸，达到止疼止痒的作用，还可以用一些其他的碱性物质，如稀纯碱溶液、牙膏、风油精等。

5. (a) → (3) (b) → (4) (c) → (6) (d) → (5) (e) → (8) (f) → (1) (g) → (2) (h) → (9) (i) → (7)

6. (1) 催化剂、脱水剂　乙酸乙酯分层，中和带出的醋酸

(2) ①将蒸出的蒸汽冷凝　②防止溶液倒吸　乙酸乙酯浮在溶液上

(3) 促进平衡向正方向移动，生成更多的乙酸乙酯　将生成的乙酸乙酯从反应体系中移走，使平衡向正方向移动

(4) 小　特殊的芳香　C

第九章　营养物质和高分子材料

Ⅰ　概　　述

一、教学目标和要求

1. 掌握单糖、二糖和多糖的结构特点及主要性质。
2. 掌握油脂的结构特点及主要性质。
3. 掌握蛋白质的结构特点及主要性质。
4. 了解高分子化合物的结构特点及主要用途。

二、内容安排说明

本章知识结构：

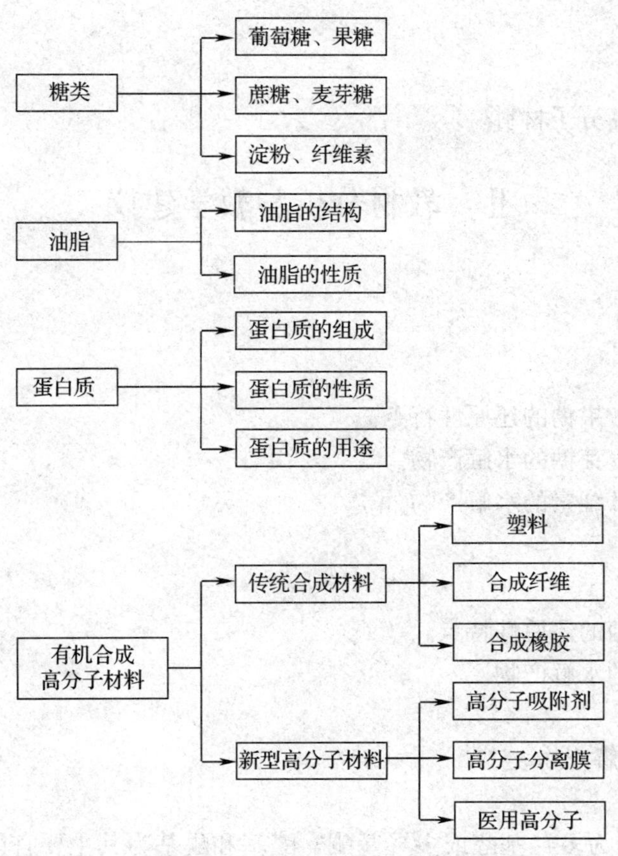

糖类、油脂、蛋白质是人类重要的营养物质，在生命过程中起着重要的作用，在人体内发生一系列复杂的生化反应，在化学上具有很多特殊的性质。合成高分子化合物因具有特殊

性能，在工农业生产和日常生活中具有广泛的用途。

本章主要内容分为四个部分：第一部分为糖类，主要介绍单糖、二糖和多糖，单糖的性质主要是还原性，二糖、多糖的性质主要是水解性；第二部分为油脂，主要介绍油脂的结构、水解，以及油脂的硬化、干化和氧化；第三部分为蛋白质，主要介绍蛋白质的组成、盐析、变性、显色等；第四部分为有机合成高分子材料，主要介绍合成高分子材料的主要用途。

本章教学重点：

1. 糖类的还原性及水解特性。
2. 油脂的水解及特性。
3. 蛋白质的结构和特性。
4. 合成高分子材料的主要用途。

本章教学难点：

1. 糖类的还原性及水解产物。
2. 油脂的水解产物。
3. 蛋白质的结构及性质。

三、本章教学时数分配建议

*9.1	糖类	2 课时
*9.2	油脂	1 课时
*9.3	蛋白质	1 课时
*9.4	有机合成高分子材料	1 课时

Ⅱ　教材分析与教学建议

*9.1　糖类

学习目标

1. 了解葡萄糖、果糖的还原性特点。
2. 了解蔗糖、麦芽糖的水解产物。
3. 了解淀粉、纤维素的水解产物。

教学重点与难点

重点：

1. 葡萄糖、果糖的还原性特点。
2. 二糖和多糖的水解产物。

难点：

二糖和多糖的水解产物。

教学方法提示

糖类的基本结构为多羟基醛或多羟基酮，醛基和酮基为其主要官能团，讲解时应结合醛和酮的性质。讲解二糖和多糖的水解注重水解产物，根据水解产物来研究它们的主要性质。

教学流程参考

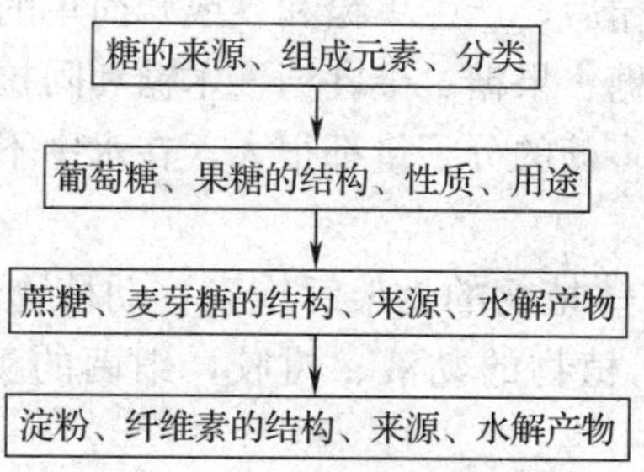

课程导入

自然界中有一类有机物，它们共同的特点是由碳、氢、氧三种元素组成，其中氢和氧的比例为 2∶1，最简单的是葡萄糖和果糖，其他比较复杂的物质水解后的产物也是葡萄糖或果糖，或两者都有。这类物质统称为糖类，俗称为碳水化合物。

知识讲授

1. 糖类主要由碳、氢和氧三种元素组成，过去用通式 $C_n(H_2O)_m$ 表示，并称为碳水化合物。后来发现有些化合物如鼠李糖（$C_6H_{12}O_5$）和脱氧核糖（$C_5H_{10}O_4$）它们的结构和性质都属于糖，但分子中氢氧原子数之比并不是 2∶1；而有些化合物，如乙酸（$C_2H_4O_2$）、乳酸（$C_3H_6O_3$）等，它们的分子式虽符合上述通式，但却不具有糖的结构和性质。因此称糖为碳水化合物并不恰当。现将糖类化合物定义为多羟基醛或多羟基酮及其缩聚物和某些衍生物的总称。糖类为人体重要的营养素，可以分为单糖、低聚糖和多糖等，它们在生活上起着很重要的作用，像多糖可以作为储存养分的物质（如淀粉和糖原）或动物外骨骼和植物细胞的细胞壁（如甲壳素和纤维素）；核糖是构成各种辅因子（如 ATP、FAD 和 NAD）不可或缺的物质，也是一些遗传物质分子（如 RNA）的骨干。糖类的众多衍生物也与免疫、遗传、疾病预防、血液凝固和生长等有极大的关联。在食品科学中，碳水化合物通常指富含淀粉（如谷物、面包或面食）或简单糖类（如食糖）的食物。

糖类主要包括没有甜味的淀粉、纤维素和有甜味的葡萄糖、麦芽糖等，是人体最主要的能源物质。人体内物质运输所需能量的 70%都来自糖类。糖类主要从谷类和薯类食物中获得。

2. 单糖可根据不同的特征片段来分类，如羰基的位置、分子内的碳原子数。如果羰基在碳链末端，分子属醛类，则单糖称为醛糖；若羰基在碳链中间，分子属酮类，则单糖称为酮糖。含有三个碳原子的单糖称为三糖，四个碳原子的称为四糖，五个称为戊糖，六个称为己糖，以此类推。本节的单糖主要是介绍己糖。

3. 由两个连接在一起的单糖分子组成的糖类，称为二糖。二糖是最简单的多糖，如蔗糖、麦芽糖和乳糖。二糖是两个单糖单元通过脱水反应，由形成的一种称为糖苷键的共价键连接而成。在脱水过程中，一分子单糖脱除氢原子，而另一分子单糖脱除羟基。未经修饰的二糖化学式可表达为 $C_{12}H_{22}O_{11}$。虽然二糖种类繁多，但大多数并不常见。蔗糖是存量最为丰富的二糖，它们是植物体内最主要的糖类。红糖、白糖、冰糖等都是由蔗糖加工制成的。蔗糖由一个葡萄糖分子中醛基的氢原子与一个果糖分子中的羟基脱水而成，因此其分子中没有醛基，称为非还原性二糖。另一种常见的二糖为麦芽糖，它是由一个葡萄糖分子中醛基的氢原子与一个葡萄糖分子中的羟基脱水而成，因此其分子中有醛基，称为还原性二糖。

4. 多糖是由十个到上万个单糖分子或单糖衍生物分子通过糖苷键连接而成的线性或带

有支链的高分子聚合物。自然界中发现的糖类，绝大多数是以高分子量多糖的形式出现。用酸或特异的酶完全水解这些多糖后，产生单糖和（或）简单的单糖衍生物。葡萄糖是多糖中最普遍的单糖单位，但由甘露糖、果糖、半乳糖、木糖和阿拉伯糖等组成的多糖也常见。多糖没有还原性，也没有甜味。多糖的分子量都很大，在水中不能形成真溶液，有些多糖能与水形成胶体溶液。

多糖在自然界中分布很广。植物的骨架纤维素，动植物储藏的养分淀粉、糖原，人软骨中的软骨素，昆虫的甲壳，植物的黏液、树胶，细菌的荚膜等许多物质，都是由多糖构成的。

*9.2 油脂

学习目标

1. 掌握油脂的结构。
2. 掌握油脂的水解及其水解产物。
3. 了解油脂的主要性质。

教学重点与难点

重点：

1. 油脂的结构。
2. 油脂水解的产物。
3. 油脂的主要性质。

难点：

1. 对油脂是混合物的理解。
2. 油脂的主要水解产物。

教学方法提示

油脂的实质是酯，讲课时应根据酯的性质来讲解，形成酯的醇是丙三醇，而对应的酸一般是十四到十八个碳原子的高级脂肪酸，与丙三醇的三个羟基结合的高级脂肪酸往往不一样，因此油脂是混合物。

教学流程参考

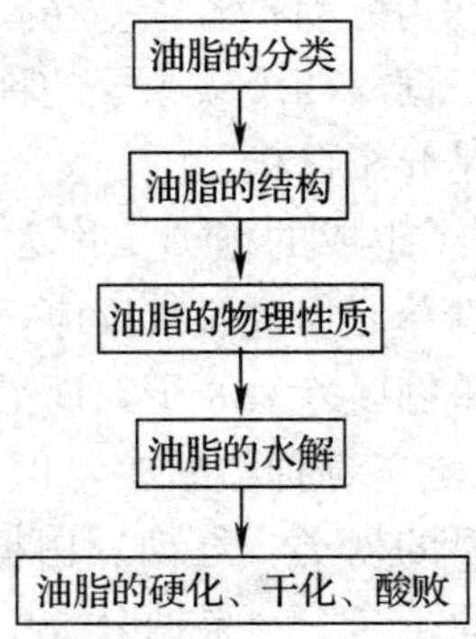

课程导入

从植物的果实和动物的体内可以提炼出很多种“油”或“脂肪”，俗称为“油脂”。这些“油脂”有的可以食用，有的有工业用途。它们具有共同结构，都是高级脂肪酸的甘油酯。

知识讲授

1. 油脂分布十分广泛，各种植物的种子、动物的组织和器官中都存在一定数量的油脂，特别是油料作物的种子和动物皮下的脂肪组织，油脂含量更为丰富。人体中的脂肪约占体重的10%～20%，它们是维持生命活动的备用能源。当人进食量小，摄入食物的能量不足以抵消机体消耗的能量时，就会消耗体内脂肪以提供能源。

油脂中的碳链含碳碳双键时即为不饱和脂肪酸甘油酯，主要是低沸点的植物油；油脂中的碳链全部为碳碳单键时，即为饱和脂肪酸甘油酯，主要是高沸点的动物脂肪。

油脂是食物组成中的重要部分，也是同质量产生能量最高的营养物质。1 g油脂在完全氧化生成二氧化碳和水时，放出热量约39 kJ，大约是糖或蛋白质的2倍。成人每日需进食50～60 g脂肪，可提供日需热量的20%～25%。

脂肪在人体内的化学变化主要是在脂肪酶的催化下进行水解，生成甘油（丙三醇）和高级脂肪酸，然后再分别进行氧化分解，释放能量。油脂还有保持体温和保护内脏器官的作用。

2. 油脂要和矿物油（汽油、煤油、柴油、润滑油、石蜡）等区分开，矿物油是烃类物质，而油脂是酯类物质。

有些油脂不能食用，如桐油，只能作为医药化工原料和涂料。有的油脂粗品因含有毒物质不能直接食用，如棉籽原油，因含有棉酚等有毒物质，长期过量食用粗制棉籽油，可使人患日晒病。精炼后的棉清油清除了棉酚等有毒物质，可供人食用。棉清油中含有大量人体必需的脂肪酸，最宜与动物脂肪混合食用，因为棉清油中亚油酸的含量特别多，能有效抑制血液中胆固醇上升，维护人体的健康。人体对棉清油的转化吸收率约为98%。

小资料

地 沟 油

“地沟油”泛指在生活中存在的各类劣质油，如回收的食用油、反复使用的炸油等。有不法商贩对其进行加工，摇身变成餐桌上的“食用油”。他们每天从各处捞取大量油腻、略呈红色的膏状物，仅仅经过过滤、加热、沉淀、分离，就能让这些散发着恶臭的垃圾变身为清亮的“食用油”，最终通过低价销售，重返人们的餐桌。这种被称作“地沟油”的“三无”产品，其主要成分仍然是甘油三酯，却比真正的食用油多了许多致病、致癌的毒性物质。

“地沟油”是一种质量极差、极不卫生的非食用油。食用“地沟油”会破坏人体的白细胞和消化道黏膜，引起食物中毒，甚至致癌，所以“地沟油”是严禁用于食用油领域的。

“地沟油”可分为三类：一是狭义的地沟油，即将下水道中的油腻漂浮物或者将宾馆、酒楼的剩饭、剩菜（通称泔水）经过简单加工而提炼出的油；二是劣质猪肉、猪内脏、猪皮加工并提炼后产出的油；三是用于油炸食品的油使用超过一定次数后，再被继续重复使用或往其中添加一些新油后使用的油。

“地沟油”不可食用，但可进行循环利用，变废为宝。现在比较成熟的技术包括“地沟油”生产生物柴油，“地沟油”生产乙醇、沼气，“地沟油”生产航空油，以及用“地沟油”制备选矿药剂——脂肪酸和脂肪酸钠等。

反式脂肪

反式脂肪又称为反式脂肪酸或逆态脂肪酸，是一种不饱和脂肪酸。反式脂肪的名字来源于它的化学结构，其分子包含位于碳原子相对两边的反向共价键结构，和“顺式脂肪”比较起来，反向分子结构较不易扭结。

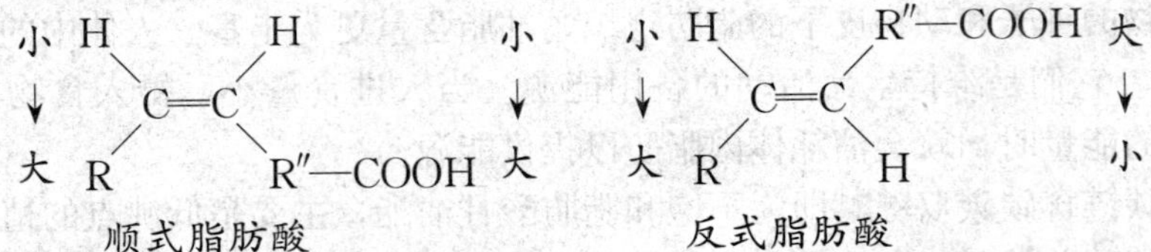

天然的不饱和脂肪酸几乎都是顺式结构，动物所能代谢的脂肪也大多为顺式结构。反式脂肪酸是经人工氢化处理后才产生的，自然界中几乎不存在，人体也难以处理此类不饱和脂肪，其一旦进入人体中，大都滞留于人体，尤其是血管壁上，从而增加罹患心血管疾病的概率。

*9.3 蛋白质

学习目标

1. 掌握蛋白质的组成，了解氨基酸的结构。
2. 掌握蛋白质的主要性质。
3. 了解蛋白质的主要用途。

教学重点与难点

重点：

1. 蛋白质的组成。
2. 蛋白质的主要性质。

难点：

蛋白质的变性。

教学方法提示

蛋白质的基本结构是氨基酸，氨基酸可以看成是羧酸中碳原子上的氢原子被氨基所取代后的产物。羧基显酸性，氨基显碱性，两者的酸碱度相差不大，因此，氨基酸中氨基数与羧基数相等时，显中性；羧基数多于氨基数时，显酸性；羧基数少于氨基数时，显碱性。

教学流程参考

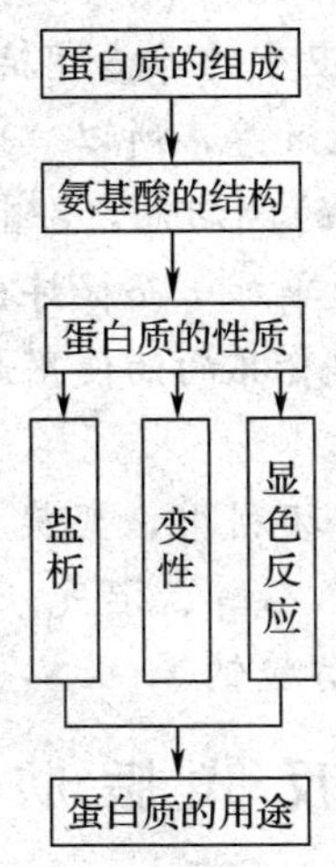

课程导入

人体内摄入的糖类（主要是淀粉）或脂肪，经过消化后成为葡萄糖、甘油、脂肪酸，如果摄入量过多，超过人体活动所需的能量，葡萄糖、甘油、脂肪酸又能够转化成脂肪在体内积累起来。但是，有一类物质只能够从食物中摄取，而不能够由葡萄糖、甘油、脂肪酸等转化得到，这就是蛋白质。

知识讲授

1. 食物中的蛋白质在体内经过消化被水解成氨基酸，吸收后重新合成人体所需蛋白质，同时新的蛋白质又在不断代谢与分解，时刻处于动态平衡中。因此，食物中蛋白质的质和量、各种氨基酸的比例，关系到人体蛋白质的合成，尤其是青少年的生长发育、孕产妇的优生优育、老年人的健康长寿，都与膳食中蛋白质的量有着密切的关系。

蛋白质又分为完全蛋白质和不完全蛋白质。富含必需氨基酸、品质优良的蛋白质统称完全蛋白质，如奶、蛋、鱼、肉类等属于完全蛋白质，植物中的大豆也含有完全蛋白质。缺乏必需氨基酸或者含量很少的蛋白质称为不完全蛋白质，如谷、麦类、玉米所含的蛋白质和动物皮骨中的明胶等。

2. 氨基酸的种类有 20 多种，大致可以分为三类：必需氨基酸、半必需氨基酸和非必需氨基酸。其中，婴儿有 9 种氨基酸不能自己合成（成人 8 种），而且这些氨基酸都非常重要，必须通过食物来摄取，这些氨基酸就称为必需氨基酸。此外，人体合成精氨酸、组氨酸的能力不足以满足自身的需要，需要从食物中摄取一部分，称之为半必需氨基酸。另外的 9 种氨基酸，人体可以自己合成，不必靠食物补充，称为非必需氨基酸。必需氨基酸有赖氨酸、色氨酸、苯丙氨酸、蛋氨酸、苏氨酸、异亮氨酸、亮氨酸、缬氨酸 8 种，另一种说法把组氨酸、精氨酸也列为必需氨基酸，总共为 10 种。

对人来说，非必需氨基酸为甘氨酸、丙氨酸、丝氨酸、天冬氨酸、谷氨酸、谷氨酰胺、脯氨酸、酪氨酸、胱氨酸和牛磺酸。

*9.4 有机合成高分子材料

学习目标

1. 掌握高分子材料的种类、性能及用途。
2. 了解新型高分子材料的种类及与生活的密切相关性。

教学重点与难点

重点：

1. 三大合成材料的性能和用途。
2. 新型高分子材料的代表产物。

难点：

三大合成材料的性能和用途。

教学方法提示

有机高分子材料按材料的来源可以分为天然高分子材料和合成高分子材料。如棉花、羊毛和天然橡胶等都属于天然高分子材料，而日常生活中使用和接触到的塑料、合成纤维、黏合剂、涂料等都是合成高分子材料。

教学流程参考

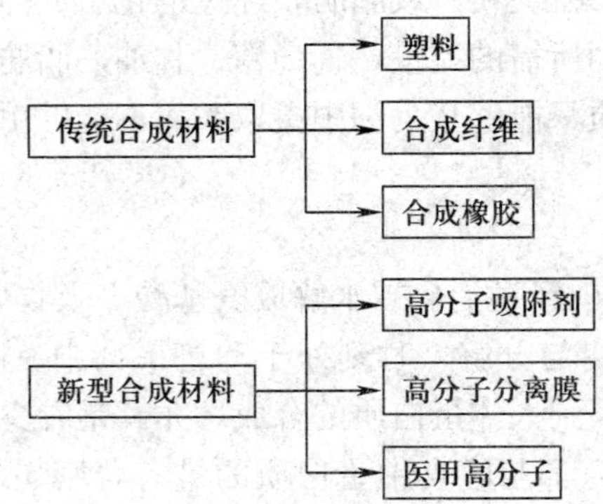

课程导入

现今的高分子材料，已经包括塑料、橡胶、纤维、薄膜、胶黏剂和涂料等许多种类，其中塑料、合成橡胶和合成纤维被称为现代三大高分子材料。它们质轻、原料丰富、加工方便、性能良好、用途广泛，因而发展速度大大越过了钢铁、水泥和木材这传统的三大基本材料。

知识讲授

1. 合成材料的品种很多，塑料、合成纤维、合成橡胶就是我们通常所说的三大合成材料。塑料是指在一定的温度和压力下可塑制成型的合成高分子材料。塑料的品种很多，常见的有聚乙烯，聚氯乙烯，聚丙烯等。纤维可分为天然纤维和化学纤维两大类。化学纤维又可以分为人造纤维和合成纤维。用木材、草类的纤维经化学处理制成的粘胶纤维属于人造纤维，利用石油、天然气、煤和农副产品作原料制成的是合成纤维。在合成纤维中，涤纶、锦纶、腈纶、丙纶、维纶和氯纶被称为“六大纶”。橡胶按原料来源可分为天然橡胶和合成橡胶两种。天然橡胶是由橡胶树或橡胶草中的胶乳经过加工而制得的。合成橡胶是用石油、天然气或煤生产出的二烯烃或烯烃为原料制得的高分子。

2. 在传统材料的基础上，人们不断的开发、研究着性能更优异、应用更广泛的新型材料，来满足计算机、光导纤维、激光、生物工程、海洋工程、空间工业和机械工业等尖端技术发展的需要。出现了具有光、电、磁、化学、生物、医学等特殊功能的高分子材料，这些材料称为功能高分子材料。功能高分子材料可以分为高分子吸附剂、高分子膜、医用高分子、超导高分子、光致变色高分子等。

Ⅲ　课后练习与习题册答案

课后练习答案

***9.1　糖类**

1. (1) B　(2) A　(3) A

2. (1) 还原性　醛基

(2) 蔗糖　葡萄糖

3. 取少量水解液，中和至中性后，加入银氨溶液，于热水中加热，如果出现银镜，说明淀粉已经开始水解并有葡萄糖生成；取少量水解液，滴加碘溶液，如果不出现蓝色，说明水解已经完全。

*9.2 油脂

油　脂肪　油　脂肪　催化剂　氢气

*9.3 蛋白质

1. （1）A　（2）B

2. （1）葡萄糖　甘油　脂肪酸和氨基酸

（2）蓝　黄

3. 能够使蛋白质发生变性的因素很多，主要有加热，紫外线，X射线，强酸，强碱，铅、铜、汞等重金属盐类，甲醛，酒精，苯甲酸等。误服重金属盐后，可利用蛋白质变性的特性，服用大量的含有蛋白质的物质，如牛奶、蛋清、豆浆等。

4. （1）生产或生活场所注意加强通风或排风，消除油烟、煤烟等的污染。

（2）不要在柏油路面或操场上晾晒粮食，不要用废旧报纸、书籍纸包装食物，防止对粮食或食物的污染。

（3）戒烟或控烟，减少香烟带来的污染。

（4）烧焦的食物要丢弃，不能食用，尽量减少食用油炸、烧烤类食品。

*9.4 有机合成高分子材料

1. 玻璃、陶瓷、水泥是传统的硅酸盐材料，属无机非金属材料；超导陶瓷属于无机非金属材料；青铜、碳素钢、硬铝三者都属于合金，属于金属材料；塑料、合成纤维、橡胶三者都属于有机高分子材料。

2. 采取以纸代塑，尽量减少塑料袋的使用；采用可降解塑料，可以使塑料袋带来的危害减小；从法律上进行规定能够更有效地防治白色污染；加强宣传教育，让大家对减少白色污染的习以为常。

习题册答案

一、填空题

1. 单糖　低聚糖　多糖

2. 还原性　醛基　酮　酮　醛　醛　银镜

3. 蓝

4. 油　脂肪　$CH_2OOC—R$　小　水　有机溶剂　混合物

$$\begin{array}{l} CH_2OOC—R \\ | \\ CHOOC—R' \\ | \\ CH_2OOC—R'' \end{array}$$

5. 催化剂　氢气

6. 糖类　油脂　蛋白质

7. 脂肪　氨基酸　葡萄糖　甘油和脂肪酸

8. 盐析　凝固　变性

9. 黄　蓝

10. 棉花、羊毛　粘胶纤维　尼龙、涤纶和腈纶

11. 塑料　合成橡胶　合成纤维

12. 能源　信息　材料

二、选择题

1. B　2. A　3. D　4. C　5. D　6. B　7. C　8. D　9. D　10. D　11. A　12. A　13. D　14. A　15. C　16. D　17. B　18. B　19. B　20. AD　21. A　22. C　23. C　24. B　25. C　26. D

三、判断题

1. ×　2. ×　3. ×　4. ×　5. √　6. ×　7. ×　8. ×

四、简答题

1. 取少量水解液，中和至中性后，加入银氨溶液，于热水中加热，如果出现银镜，说明淀粉已经开始水解并有葡萄糖生成；取少量水解液，滴加碘溶液，如果不出现蓝色，说明水解已经完全。

2. 取少量的糖溶于水，加入银氨溶液，于热水中加热，如果出现银镜，则该糖为葡萄糖，如果没有银镜出现，则该糖为蔗糖。

3. 能够使蛋白质发生变性的因素很多，主要有加热，紫外线，X射线，强酸，强碱，铅、铜、汞等重金属盐类，甲醛，酒精，苯甲酸等。误服重金属盐后，立即服用生鸡蛋、牛奶或豆浆，利用这些物质中富含的蛋白质发生变性的特性，与重金属盐形成难以吸收的沉淀物质而排出体外。

4. 尽量少用合成洗涤剂、含氯的消毒液等。

5. （1）塑料：食品袋——聚乙烯，本身无毒、耐腐蚀、柔软、气密性好，耐热性差、遇热变软、易老化。

（2）合成纤维：人造棉——聚乙烯醇缩甲醛，柔软，吸湿性和棉花相似，耐光性、耐磨性和保暖性好，耐热水性、染色性差。

（3）合成橡胶：车内胎——异戊橡胶，弹性、绝缘性、隔水性、可塑性、耐腐蚀性、耐候性、耐压性好。

6. 提示：臭氧的消毒原理是利用其强氧化性，有人认为其还原产物是氧气，所以是无危害的。从化学角度看，氧化剂的作用是基本相同的，关键是看氧化对象的产物，书中讲过双氧水泡发皮肚、蹄筋等会产生毒害物，是发生氧化反应。臭氧氧化能力更强，维生素被破坏，脂肪、蛋白质被氧化成过氧化物、自由基等对人体有害的、致畸的、致突的物质。虽然它能够消除农药、添加剂、病菌等有害物，但会产生另外的有害物。

食品应该来源安全、加工安全、运输流通安全、家庭内部安全。绿色生产，无违法添加，安全质量认证；家庭要用可食用的物品来清洗：如淘米水、热水等，买来的食材要做到多次清洗，长时间浸泡。蔬菜要做到整形浸泡（最多掰成叶片），烧制前切碎（减少农药从切口渗入和维生素等溶出）；肉类要切碎浸泡，让可能有的添加剂尽量溶出。

7. 略。